„Es is au als was"

Horst Seidenfaden

„Es is au als was"

Ein anekdotischer Streifzug
durch Nordhessens Sprach-Kultur

Mit Zeichnungen von
Niko Mönkemeyer

B|S
&

SIEBENHAAR VERLAG

Für Petra und Holger
Für Katja und Peter

Oder um es frei nach Reinhard Mey zu sagen:
Habt Dank für die Freiheit, die als steter Gast bei euch wohnt, habt Dank, dass ihr nie fragt, was es bringt, ob es lohnt, vielleicht liegt es daran, dass man von draußen meint, dass in euren Fenstern das Licht wärmer scheint.

Inhalt

Vorab

Bücher über nordhessische Mundart? Die sind absolute Mangelware. Warum eigentlich? Weil die nordhessische Mundart vor allem in den Jahrzehnten nach dem Zweiten Weltkrieg als unschicklich empfunden wurde? Dabei ist Mundart absolut in, wird überall gepflegt – mittlerweile auch wieder in Nordhessen. Also: zur 1100-Jahrfeier der Stadt Kassel ein Buch über wahre Begebenheiten, Anekdoten, auf Nordhessisch getrimmte Witze – und eine neue Erzählreihe, die sich um den von einem bestimmten Patienten arg geplagten Dr. G. aus Wilhelmshöhe rankt.

Das Buch beschreibt den Nordhessen an sich – und das Nordhessische im Besonderen: Beides zusammen, der Nordhesse und seine Schbroche, das ist – wie könnte es aufgrund der geographischen Lage anders sein – das Herz Deutschlands.

„Es is au als was" – dieses Buch ist eine Liebeserklärung an meine nordhessische Heimat, diesen besonderen Menschenschlag und an diese Sprache, die, man glaubt es kaum, so unverfälscht aus dem Herzen kommt.

Horst Seidenfaden

Einführung

Genaugenommen gibt es *die* nordhessische Mundart
nicht. Es gibt eine klangliche Grundfarbe, eine gemeinsame harte, gutturale Aussprache, die ein wenig
an Thüringisch erinnert – aber auch nur, wenn man
die Nordhessen ärgern will. Der nordhessische
Schläng (wobei die Adaption des Wortes Slang aus
dem Englischen die Weltoffenheit des nordhessischen
Ureinwohners beweist) variiert von Landstrich zu
Landstrich, manchmal von Dorf zu Dorf – und selbst
in Kassels Stadtteilen wurde früher unterschiedlich
gesprochen. Dieses Buch versucht deshalb auch gar
nicht, eine gemeinsame Basis für alle zu finden – es
stellt vielmehr den bisher einmaligen Versuch dar, die
nordhessische Sprache mit dem Charakter derer, die
sie sprechen zu verbinden und beides gegenseitig zu
begründen. Mit einer Schreibweise, die der Kabaret-
tist Karl Gratt als „nochdhessische Achdiguladions-
basis" bezeichnen würde.
Dies alles mal in einem Kompendium von Anekdoten
und typischen Kalauern zusammenzustellen, das ist
auch bitter notwendig. Denn der Nordhesse ist, wie
schon angedeutet, weltoffen, kommunikativ, gast-
freundlich, Fremdem gegenüber aufgeschlossen, neugierig, voller Vorfreude auf alles, was kommt – und
dergleichen mehr. Das Problem ist nur: Er weiß das
gar nicht. Aber er ist es – nur eben auf seine Art und
Weise.

9

Das Nordhessische ist, soviel steht fest, der deutsche Dialekt, der mit der größtmöglichen sprachlichen Verknappung auskommt. Was darauf zurückzuführen ist, dass man in Nordhessen im Zweifel nur das Notwendigste sagt, meint und im Zweifel tut. Typisch Nordhessisch, dass bei der germanischen Völkerwanderung die Chatten die einzigen waren, die sich nicht vom Fleck bewegt haben – warum auch? Bloß keine Hektik und irgendeiner musste ja im Lande bleiben. Ein zuverlässiger, treuer Menschenschlag halt – und standhaft, ohne die Chatten hätten die Germanen die Römer unter Quintilius Varus sicher nicht besiegt. Und ohne uns würde sich niemand um Südhessen kümmern, schon gar nicht so garstig. Und ohne uns hätte Deutschland heutzutage gar keine Mitte. Nicht auszudenken ...

Also: Es gibt ein neues Selbstbewusstsein in unserer Region. Dazu gehört auch, dass man Mundart zum Glück wieder pflegt. Am Redaktionstelefon der Zeitung mit der größten Aboauflage in Hessen, der HNA, hört sich das dann so an: „Jo, hier is Müller us Beiseföchd. Hönnse ma un zwars gehts mir um foljendermaßen."

Steigen wir also ein, mit Anekdoten, tatsächlich erlebten Geschichten, Witzen, die sich in Nordhessen genau so abspielen könnten – und der nordhessischen Bilderbuchkombination von Ureinwohner und Zugereistem. Heinrich B., genannt Henner, und der Wilhelmshöher Arzt Dr. G.

Und das alles geht also foljendermaßen:

Verknappung

Der nordhessische Dialekt ist, oder sagen wir: die nordhessischen Mundarten sind jene im deutschen Sprachraum, die, wie erwähnt, mit der größtmöglichen Verknappung auskommen. Nehmen wir die Begrüßung bei einer Veranstaltung. Normalerweise würde ein Moderator etwa so die Ansage beginnen:
„Meine sehr verehrten Damen und Herren, herzlich willkommen hier in der Stadthalle Fritzlar zum Seniorennachmittag, ich freue mich, dass so viele Herrschaften unserer Einladung gefolgt sind – und das trotz des guten Wetters und eines attraktiven Fernsehprogramms. Freuen Sie sich mit mir auf ein paar schöne Stunden bei einem abwechslungsreichen Programm."
Und das sagt ein echter nordhessischer Moderator, all das in wenigen Worten zusammenfassend:
„Na, seide au da?"

Ein anderes Beispiel, aus dem Leben gegriffen. Als der Autor 1975 Abitur gemacht hatte und anschließend seinen Zivildienst beim CVJM Kassel begann, gehörte zu den ersten Tätigkeiten, den Reisebus für eine Jugendfreizeit nach Avignon zu packen. Während des Beladens des Busses trudelten die ersten Jugendlichen mit ihren Eltern ein, darunter auch der Sproß des Religionslehrers Erich F.. Es war fünf Uhr morgens, F. sah seinen Ex-Schüler beim Kistenschleppen, riss fragend die Augen auf und wollte eigentlich sagen: „Ach, Seidenfaden, so früh schon auf? Wie kommt es denn, dass ich Sie hier treffe? So kurz nach dem Abitur schon richtig am Arbeiten? Donnerwetter, wie geht es Ihnen denn?"

Erich F. packte dies alles, was er zu sagen und zu fragen hatte, in den Satz. „Ah, Seidenfaden, au da?"

Nochmal knapp

In Nordhessen kann man schnell unterscheiden, wer ein Schwätzer ist und wer nicht. Szene aus einer Mukkibude, ein älterer Herr, den man wegen seiner auch bei klirrender Kälte oft knappen Oberkörperbekleidung nur „Den Ärmellosen" nannte, betritt in gewöhnungsbedürftigen Sportklamotten die Trainingsfläche, erblickt dort einen Kumpel, den er ewige Zeiten nicht gesehen hat und will folgendes sagen: „Ah, Kurt, Mensch, lange nicht gesehen, wo warst Du denn die letzten Wochen? Schön, dass Du wieder zum Training kommst, wir hatten uns schon Sorgen gemacht."

Aber der Nordhesse drückt all das anders aus, natürlich sprachlich gefärbt – man beachte den Vornamen des Angesprochenen:

„Ah, Kuchd, unn?"

Das ist die kurze Form. Wäre der Mann ein Schwätzer gewesen, dann hätte er gesagt: „Ah, Kuchd, unn sonst?"

Es geht allerdings noch kürzer. Denn in Wahrheit braucht man in Nordhessen nicht zwingend das gesprochene Wort. Stellen wir uns eine Imbissbude irgendwo in der schönen Region vor. Ein hochdeutsch redender Würstchenverkäufer würde, möglicherweise mit der Holzzange auf die betreffende Person zeigend, sagen: „Der Nächste bitte, was darf es denn sein? Eine Bratwurst oder eine Currywurst, mit Brot oder im Brötchen, vielleicht mit einer kleinen Portion hausgemachtem Kartoffelsalat?"

Für Nordhessen eine geradezu sinnlose Verschwendung von Atemluft und Zeit. Der nordhessische Würstchenverkäufer sagt – nichts. Er sagt überhaupt nichts, nicht ein Wort. Er nimmt die Bratwurstzange, zeigt auf eine Person und nickt ihr auffordernd zu – schließlich steht ja alles, was im Angebot ist, hinter ihm auf einer Tafel. Und wenn man nicht augenblicklich die Bestellung aufgibt, dann wird der Würstchenverkäufer grantig. Und sagt bestenfalls: „Was dürf's dann sin?"

Sollte es dann mit dem möglicherweise einzigen Gast, man kennt sich zudem gut, zu einem Schwätzchen kommen, dann geht das in etwa so vonstatten:

„Unn, schmegged's?"

„Jo, 's muss ja."

„Unn daheime?"

„Alszus dasselbe. Weiste ja."

„Jo, kennich. Bi mäh au. Aber was widde machen?"
„Un, was machen de Kinner?"
„Der Paskwale (gemeint ist Pasquale, aber der Nordhesse deutscht so etwas gern auf seine Art ein) hodd jetz 'n neues Marjen. Aber es passd nidd so richtig zu emme, sachd minns au. Un es musses jo wissen, 's hodd's emme au schon geschbrochen, awer hä will nix hören üwwer es."

Womit wir beim Thema „nordhessische Grammatik" wären – aber, um mit der Feuerzangenbowle zu reden, „das kriegen wir später" ...

Die Leiden des Dr. G. (1)

Es gibt sie natürlich auch in Nordhessen, jene Ehen, in denen der männliche Teil eher ein Fall für amnesty international ist. Mit anderen Worten: Sie hat daheim die Hosen an.

Oder, um im Bild zu bleiben, auch nicht. Dem Wilhelmshöher Arzt Dr. G. passierte es, dass sein langjähriger Patient, ein kleines Männlein namens Schubert, zur Sprechstunde kam und ihn zum Schluss ansprach:

„Herr Doggder, da wär noch was ...‟

Dr. G. unterschrieb ein Rezept, reichte es über den Schreibtisch und sah den Mann interessiert an.

„Jo, un zwar's geht's mir um folgendermaßen. Minne Frau, se wissen schon, äh, also es hat doch als so'n Schnubben. Un der kimmet nur davon her, dass es als so kurze Unnerhosen trachen tut. Wenn es das nächste Moh bi ähnen es, dann schbrejjen se emme dochemoh, dass es einfach längere Unnerhosen trachen soll. Sonst wird das doch nix mehr middem Schnubben.‟

Dr. G. versprach es – und konnte nicht ahnen, dass Frau Schubert mit triefender Nase zwei Tage später in der Praxis erschien. Er machte die üblichen Untersuchungen, bis ihm der Besuch des hageren, kleinen Gatten einfiel, der sich hinter seinem Trumm von Eheweib dreimal verstecken konnte. Er bat die Dame, den Mund zu öffnen und die Zunge herauszustrecken. G. besah sich das Ganze interessiert und sagte dann:

„Werte Frau Schubert, Ihre ständigen Erkältungen kommen von Verkühlungen. Sie sollten einfach wärmere Unterwäsche tragen, beispielsweise auch längere Unterhosen." Er ging hinter seinen Schreibtisch, unterschrieb wieder einmal ein Rezept und staunte, als er hochblickte und auf den ausgestreckten, tatsächlich Respekt einflößenden Hintern der Frau schaute.

„Äh, gnädige Frau, was soll das jetzt bedeuten?"

„Wissense, Herr Doggder, wennse mäh schon innen Hals guggen und mäh dann schbrejjen können, dass minne Unnerhosen zu kuchz sin, dann könnense mäh jetze moh innen Hinnerschden guggen und mir sachen, ob min Hut geradesitzt."

Nordhessische Denke hat entsetzlich viel mit Logik zu tun. Und damit, dass man die Logik nicht sofort erkennt. Und damit, dass der Nordhesse lange logische Begründungen nicht mag. In der Addition all dessen heißt das: Man muss, um im Jargon zu bleiben, „middedenken".

Nordhessische Logik

Auf dem Kasseler Weihnachtsmarkt drehte auf dem Königsplatz ein älteres Ehepaar seine Runden. Es war bitterkalt, beide wackelten im Gänsemarsch nebeneinander her. Glühweinduft erfüllte die Luft und überall dort, wo es Imbissstände gab, entwickelten sich die typischen Gerüche. Bratwurst, Pizza, Kartoffelpuffer, ahle Wurscht, frisches Brot aus dem Steinofen – was es halt jedes Jahr auf dem Königsplatz gibt. Er war sehr besorgt um das Wohl der Gattin, die mit missmutigem Gesicht das Treiben beobachtete. Man näherte sich einem Bratwurststand.

„Mudder", fragte er, eine der typischen Anreden des weiblichen Partners in der Ehe gebrauchend, „widde dann ne Wurschd?"

Sie hätte eigentlich sagen können: „Vielen Dank, mein Lieber, das ist sehr nett von Dir. Aber darauf habe ich keine Lust."

Als Nordhessin packte sie das alles in die allumfassende Antwort: „Nääää."

Kurze Zeit später näherte man sich einem Stand, an dem es Fischbrötchen gab. Eine ähnliche Situation.

Er wieder: „Mudder, widde dann 'n Fischbröhdchen?"

Sie wieder, voller missmutiger Herzlichkeit: „Nääää."

Beim nächstem Umlauf im äußeren Weihnachtsmarkt-Zirkel nähern sie sich einem Stand mit ahler Wurst. Er: „Mudder, widde dann 'ne Brogge ahle Wuchschd?"

Sie wieder, etwas muffeliger: „Nääää."

Sie gehen einige Meter weiter. Plötzlich sagt sie, nach einem Stoßseufzer: „Ach, Karle, komm, lass uns heimmachen. Ich honn Hunger."

E oder I – das ist hier die Frage!

Im schönen Günsterode wird das Nordhessische natürlich ein wenig anders gesprochen als anderswo, pardon: annerswo in Nordhessen. Und mit der Rechtschreibung und den Buchstaben hat es sowieso nicht jeder so, wie man sich das denkt. Nordhessische Logik, das hatten wir bereits, ist sowieso „ganz annersder":

Im Dorf treffen sich in der Vorweihnachtszeit zwei Bauern. Der eine hat ein Päckchen unter dem Arm.
„Wos host Du dann da unnerm Arme?", fragt der eine.
„Was es dann das for 'ne Frache, mäh honn doch bahle Weihnachten, das is 'n Geschenk for minne Frau!"
Der andere wird neugierig.
„Oh, was isses dann, verrädsdes mäh dann?"
„Nä", sagt der, „das mussde schon raden."
„Da gib mäh wenichsdens 'nen Anhaltspunkt. Mit was for'm Buchstaben fänged's dann an, 's Geschenk?"
„Middem i."
„Wie dann, Du schenkst Dinner Frau 'ne Isenbahne?"
„Ach, Quadsch, wo kimmesde dann hinne! Isenbahne schriewet sich doch middem E."
„Was isses dann?"
„Na was dann woll? Ne Ingerhose!"

21

Nordhessen kann nichts erschüttern – oder doch? (1)

Es wird kaum Orte in Nordhessen geben, wo das pralle nordhessische Gemüt so ungebremst ausgelebt wird wie auf den Rängen des Auestadions. Man kann, wenn das Spiel langweilig ist, sich durchaus mal der reinen Betrachtung von Typen widmen – wobei die in wahrscheinlich allen Stadien Deutschlands zu finden sind. Der kleine Ehemann, gut gekleidet, aber mit merkwürdigen Sandalen an den Füßen – und warum trägt der im Stadion eine Wollkrawatte? Er brüllt ununterbrochen, meiert vor allem den armen Schiedsrichter an, und man weiß, der Sandalenmann ist von Mutti angezogen worden und hat daheim nichts zu sagen. Im Stadion übrigens auch nicht, wie sich rausstellt.

„Was bist Du dann for'n Kasper, als piffte for die anneren, honn die Dich dann bestochen? Geh heim, Du Kruste!"

So geht es ununterbrochen, die „Kruste" wird gelegentlich durch andere Ausdrücke wie „Knalltüte" ersetzt. Irgendwann haben die Umstehenden die Nase voll vom ewigen „Geknerbel". Doch er lässt nicht locker.

„Guck Dir den moh an, der krichd ja gar nix mehr midde, hä is je au gar nidd uff Ballhöhe!"

Da wird es dem Nebenmann zu bunt.

„Was widde dann? Soll dann der Schiri fliejen, damidde uff Ballhöhe is? Nu hahle mo's Mull!"

Nordhessen kann nichts erschüttern – oder doch? (2)

Nordhessen kann so leicht nichts erschüttern und auch das Ungewohnte wird behandelt, als sei es etwas ganz Normales.

Irgendwann in den siebziger Jahren, der KSV war gerade abgestiegen nach einem 1:1 beim Freiburger FC – ein Spiel, bei dem Schiedsrichter Quindeau aus Ludwigshafen einen unberechtigten Elfmeter für Freiburg gab und den KSV (das 1:0 hätte zum Klassenerhalt gereicht) in die Hessenliga schickte. Dort nun wurde das Stadion gerade in der kalten Jahreszeit zum Treffpunkt für die ganz Getreuen. Im Block H/G standen immer dieselben 150 Leute, man kannte und man begrüßte sich. Eines trüben, nebligen Wintertages spielte der KSV gegen irgendeine mittlerweile in der Versenkung verschwundene Truppe aus Südhessen. Es war so neblig, dass man von den Stehrängen der Osttribüne nur die Seitenlinie sehen konnte, gelegentlich bewegten sich Schemen (die Spieler) in dem Bereich, die Tore waren noch nicht einmal zu erahnen und nur der Schiedsrichter wusste, warum gespielt wurde. Man unterhielt sich mit den Nebenleuten, gelegentlich ging einer Bier holen und kam, falls er die Gruppe wiederfand, zurück. Es waren etwa 30 Minuten gespielt, da rollte der Ball plötzlich ins Aus und blieb auf der Laufbahn liegen. Aus dem Nebel schälte sich ein Spieler, Mittelfeldmann Bernd Blacha vom KSV.

Auestadion

Zuschauer: „Blacha, schbrejje moh, wie steht's dann eijentlich bi Euch?"

Und Blacha, als sei das die selbstverständlichste Frage der Welt: „0:0".

Niemand ging früher nach Hause, das Ende des Spiels wurde durch drei markige Pfiffe des Schiris, durch den Nebel hindurch verständlich, beendet. Die Gruppe verließ das Stadion, an der Ampel am Auestadion hielt bei Rot ein Auto, die Scheibe wurde heruntergekurbelt, der Beifahrer fragte die mit rot-weißen Schals gekennzeichneten KSV-Anhänger:

„Wie ham dann de Hessen gespielt?"

„Kinne Ahnung. Ich glaube, 0:0."

„Ward Ihr dann im Stadion?"

„Klar."

„Und warum wisst Ihr nidd, wie's usgegangen is?"

„Weil das erst morjen in der Ziddung schdehd."

Nordhessische Aussprache, Verzeihung: Usssprache

In der fünften Klasse des Gymnasiums tummeln sich in dieser ersten Schulwoche nach den Ferien über 40 Jungen, aus Kassel, den umliegenden Landkreisen, alle mit unterschiedlichster Vorbildung und – ganz wichtig – Aussprache. Deutschlehrer Z. macht in seiner ersten Stunde den Test, auf welchem Level er mit dem Unterricht einsteigen muss. Die Jungs müssen alle einen kurzen Abschnitt aus dem neuen Buch vorlesen. Es stellt sich schnell heraus, dass vor allem bei den Endungen wie bei Buch und Zug, Lug und Trug der Nordhesse gern zu sprachlicher Ungenauigkeit und Verallgemeinerung neigt.

Mitschüler Krug schießt den Vogel ab: Buer statt Buch, Zuer statt Zug, Truer statt Trug.

Z. unterbricht:

„Stopp, stopp, stopp – jetzt sag mir bitte nur noch Deinen Namen."

„Kruer."

Nordhessische Gefühlswelt

Nordhessen drücken selten ihre wahren Gefühle in nachvollziehbaren Worten aus. Auf die Frage „Wie geht's dann?" antwortet er gern mit „'S muss." Das bietet für Interpretationen reichlich Spielraum, sagt eigentlich, dass nichts Schlimmes vorliegt, bietet aber gleichzeitig die Rückzugsmöglichkeit auf ein leidend dreinschauendes Gesicht, wenn es die Situation erfordert. Kommt ein Gespräch ins Stocken, dann hilft einem ein in den Raum geworfener Halbsatz „Un sonst?" weiter.

Angesichts der Ziellosigkeit der Frage wird sich schon irgendeiner angesprochen fühlen, der die Gesprächspause mit irgendetwas beendet und man kann selbst, ohne reden zu müssen, dem Kuchen, dem Buffett oder dem Getränk zusprechen.

Auf die Frage beim Mittagstisch, wie es denn geschmeckt habe, lässt man sich gern zu einem euphorischen „Lässt sich essen!" hinreißen, was unterm Strich für Nicht-Nordhessen knapp am Rande der Beleidigung entlangschrammt.

Wenn man dann nachfragt: „Was hatt dann gefehlt?" hört man dann das Vielsagende: „Ich honn's jo nur geschbrochen." Worauf dann verzweifelte Zugereiste kopfschüttelnd ihres Weges ziehen und den müden, gesättigten Menschen ihre ersehnte Ruhe lassen. Einheimische wissen, wie das alles zu deuten ist: Es hat alles prima geschmeckt und lohnt deshalb nicht, darüber zu reden. Hätte es nicht geschmeckt, hätte man es ja auch nicht gegessen.

Das größtmögliche Kompliment, das sich dem Mund eines Nordhessen in Bezug auf kulinarische Köstlichkeiten entringen kann, ist aber ein ganz anderes. Stellen wir uns vor, ein Nordhesse (oder eine Nordhessin) sei zu Gast in einem Sternerestaurant. Sieben Gänge, erlesenste Speisen, beste Getränke, flotter, freundlicher Service – alles passt zusammen. Zum Schluss fragt der Chefkoch persönlich, wie es denn gemundet habe.

Und wie lautet nun das größtmögliche Kompliment? „Ma was anneres."

Schatzilein und Frau

Erstaunlich im Übrigen auch die Wandlung, die die Frau in Nordhessen im Lauf der Jahre mitmacht. Am Beginn einer Beziehung ist alles wie überall auf der Welt: Der Himmel hängt voller Geigen, und der verliebte Mann gibt sich auch verbal alle Mühe, seine Gefühle auszudrücken.

Nehmen wir an, seine Angebetete erhielte den Kosenamen „Schatzilein". Irgendwann ziehen die beiden zusammen und am Frühstückstisch würde der Mann etwa Folgendes sagen:

„Schatzilein, gibste mä bidde mo de Budder rüwwer?"

Doch das ändert sich. Es wird geheiratet und irgendwann kommt das erste Kind zur Welt. Am Frühstückstisch hat sich der Name der Angesprochenen geändert.

„Mudder, gibb doch mo de Budder rüwwer."

Wie man feststellt: Auch vom „Bitte" ist nicht mehr viel übrig.

Irgendwann sind die Kinder aus dem Haus, man sitzt wieder zu zweit am Frühstückstisch. Und das geht dann so.

„Frau, gäb mo de Budder."

Mit der Anrede ist man auf der sicheren Seite. Möglicherweise kann man sich nicht mehr genau an den Namen erinnern – die Gattin ist jedoch so konditioniert, dass sie auf diese Reizworte, ob aus Ärger oder Gewohnheit, reagiert. Schatzilein, Mutter, Frau, die

Kinder sagen Mama, Freunde haben Spitznamen erfunden.

Da wundert es nicht, dass kürzlich ein Gerücht die Runde machte, von dem man problemlos annehmen durfte, es sei wahr. Angeblich gibt es eine wissenschaftliche Studie, die besagt, dass 35 Prozent der nordhessischen Frauen nach der Silberhochzeit ihren Vornamen vergessen haben.

Das Feuerwerk

Nordhessen ist vom Wetter nicht gerade begünstigt, sodass man den Eindruck haben kann: Wenn es laut Wetterbericht im Süden regnet, dann gehört Nordhessen zum Süden. Regnet es im Norden, gehören wir hier zur Norddeutschland. Aber die Einheimischen finden sich damit ab und entwickeln, was den Umgang mit dem witterungsbedingten Dilemma betrifft, eine positive Denke, die man von ihnen nicht zwingend erwartet.

So geschehen auf der Drahtbrücke: Am Zisselsamstag ist um 22 Uhr Feuerwerk, und auf der Drahtbrücke versammeln sich beängstigend viele Zeitgenossen, die das pyrotechnische Spektakel erleben wollen. Als die ersten Raketen ihre Pracht am Himmel entfalten, fängt es leicht an zu regnen, in Nordhessen sagt man: Es fisselt. Auf der Drahtbrücke steht ein nordhessisches Ehepaar. Alle schauen nach oben und nach etwa drei Minuten stößt er seine Frau an und sagt: „Gechda, weißte was? Der Rejen uff der Brille giwwet dem Feuerwerk erst de richtje Brillanz!"

Die Leiden des Dr. G. (2)

So schweigsam der Nordhesse manchmal auch ist, manchmal, wenn es um das Ungefähre und Unpräzise geht, wenn er bemüht ist, eigene Defizite wie Vergesslichkeit elegant zu verbergen, dann wird er ein Meister der freien Rede. Selbst wenn der Preis der ist, dass der Gesprächspartner am Ende „wuschig" ist.

Unser Wilhelmshöher Arzt Dr. G. empfängt gegen Abend seinen letzten Patienten des Tages. Heinrich B. ist häufig da, er hat eben „als was". Er nimmt Platz und bevor der Doktor etwas fragen kann, legt er los. „Ach, Herr Doggder, bevor ich das vergessen tue: Ich soll sie schön grüßen un zwars vom ..."
Heinrich B. grübelt kurz, der Doktor schaut interessiert.
„Ach, Gewidder, jetzt fällt mir der Name nidd in, Herr Doggder, helf dochemoh, den kennen Se doch au. Krittsgemiche, wie kann ich dann bloß dissen Namen vergessen? Min Vadder un sin Vadder sin doch immer sonntags uffem Sportplatz gewesen, herrje. Bim BC Schbochd waren se – oder ne, wachde ma: Bi

03, gejenübber. Oder doch nidd? Jedenfalls hodden die 'nen Torwachd, der hodde später 'ne Seltersbude an der Frankfurter Straße. Do honn sich immer de Schlaggen gedroffen, bevor se zum KSV rüwwergemacht honn. Es, also sinne Frau, hodd ja den Gerüchten zufolje 'n Verhältnis middem Trainer gehabt, awer ich will nix geschbrochen honn, es is ja nur en Gerücht gewesen. War ja 'n nettes Marchen, also es. Honn sich aber schbäder scheiden lassen, da hadde es dann noch was middem Tankwart us Helsa – awer was uss dem gewochden is, das weiß ich au nidd. Minne Frau sachd, 's letzte Moh haddesen gesehen, wie er in der Schdadd 'ne Kochwurschd gegessen hodd, da in der Wilhelmstraße, bim Barthel. Die honnje au de besde Kochwurschd in der Schdadd, kamme sachen, was mer will. Awer mer kricht ja au gar kinne ochdendliche Wurschd mehr in der Stadt, giwwet ja nur noch Pizza und dissen Dönerkram, also ich honn je früher immer uffem Könichspladds dissen Speckkuchen vom Silber gegessen, da konnte ich mich rinnsetzen, awer dem honnse je de Bude au abgerissen, seitdem kriechsde do gar nix mehr, awer was widde machen. So, jetzt honn ich Ihnen den Gruß beschdelld. Wo warmer dann stehngeblieben?"

Dr. G. griff erstmals an diesem Tag in seine Schublade und pickte, verständnislos und leer grinsend, eine Vitaminpille hervor, die er mit hastigen Schlucken aus seiner Teetasse hinunterspülte.

Die Anrede

Dieses „helf dochemoh", mit dem Heinrich B. mitnichten seinen Arzt aufforderte, ihm tatsächlich zu helfen – es ist natürlich nicht nur grammatikalisch falsch, sondern auch ein Hinweis, dass es beim „Du" und „Sie" in Nordhessen gelegentlich völlig unsortiert und demzufolge unlogisch durcheinandergeht. Täglich überall an den Kassen von Supermärkten und Kaufhäusern zu erleben.

„Frau Brückmann? Gib mir doch bitte mal 'ne Rolle Fünfer!"

Warum um alles in der Welt Frau Brückmann keinen Vornamen hat, wo man sich doch offen-kundig duzt – hängt das mit dieser in einem anderen Kapitel zitierten Studie zusammen, wonach nordhessische Frauen nach der Silberhochzeit ...?

Schlimm im Übrigen auch das Kassiererinnenverhalten im vertrauten Umfeld in den kleinen Umlandgemeinden. Freudig begrüßt die dralle Dame am Förderband jeden bekannten Kunden, weiß immer was aus seiner Privatsphäre lautstark zum Besten zu geben.

„Ach, Heinrich, kimmest Du dann heude? Hodds Eva 's dann noch im Krizze?"

Der Angesprochene schweigt, eingeschüchtert.

„Was sodde dann inkaufen? Hodd es Dir dann 'ne Liste gemacht? Seid wann esst Ihr dann hier disse neue, teure Budder? Un was widde dann mit den Kondomen?"

Hier würde sich der Angesprochene gern, wie man es in Nordhessen bei der Verwendung von Fremdworten macht, doppelt verschwinden lassen – oder er hätte es gern, wenn ihn die Kassiererin einfach nicht beachten würde. Was mit nordhessischen Fremdworten heißen würde: Die Kassiererin soll ihn wegignorieren – und er selbst würde sich gerne wegsubtrahieren. Bliebe noch der denkwürdige Spruch des Kioskbesitzers F. in Waldau, der, wenn jemand mehr als ein Teil einkaufte, seine Lateinkenntnisse nachhaltig unter Beweis stellte mit den Worten: „So, das machd dann subbe summarum zweiviechzig."

„Wie dann?"

Englischkenntnisse sind heute für die meisten Leute Pflicht – was den Touristen, die nach Kassel kommen, natürlich hilft. Und den Einheimischen auch.
Aber das war nicht immer so. Der CVJM ist zwar eine internationale Organisation, war aber in seinem Haus an der Wolfsschlucht alles andere als international aufgestellt. Bis zu dem Jahr, in dem Sportsekretär „Woody" Werderich aus den USA seinen Dienst begann, waren englische Töne höchstens mal bei Liedern aus der berühmt-berüchtigten „Mundorgel" bekannt. Was zu manchen Missverständnissen führte.
Eines Tages besuchte eine englische Gruppe das Haus, dem das dazugehörige „Hotel Hospiz" ange-

schlossen war. Bei der Begrüßung im Foyer wurden den englischen Gästen schon mal die nette, aus dem nordhessischen „Wie dann?" abgeleitete Frage „How then?" zugerufen. Immerhin – auf ein „And else?" als direkte Übersetzung für „Un sonst?" verzichtete man. Beim Rundgang durchs Hotel besichtigte man ein Zimmer, in dem ein Fenster aufstand – rumms, knallte hinter den Besuchern die Tür zu. Worauf der nordhessische CVJMer lapidar anmerkte. „It's very window today."

Aussichten

Die konsequente, manchmal emotionslose nordhessische Denke demonstrierte auch das Ehepaar N, weit in den Achtzigern, das eine wunderschöne Wohnung in der Südstadt mit traumhaftem Blick in die Karlsaue bewohnte. Halt, den einzigartigen Blick konnte nur er, also „hä", genießen, denn er lag im Schlafzimmer im rechten Bett – und nur von da aus war die Sicht eine schöne. Jahrzehntelang hatte Frau N., also „es", das hingenommen. Bis zu jenem Montag – und abends, nach der Bibelstunde im CVJM, klagte Herr N., also „hä", dem Zivildienstleistenden sein Leid.
„Wissense, was minne Frau heude morjen geschbrochen hodd?"
Kopfschütteln als Antwort.

„Ich lieje im Bedde, wissense, da honn ich so 'ne schöne Aussicht uff de Aue. Da honn ich gesachd: Frau, weißde eijentlich wie schön disse Aussicht auf die Aue is?

Wissense dann, was es da gesachd hodd? Es hodd gesachd: Ne, weiß ich nidd, ich sehe jo nix. Awer wenn Du tot bist, dann lieje ich rechts."

Geschichten von der Oberweser (1):
Die Kuh

Etwas rustikal im Umgang sind auch Nordhessens Landwirte. Für manchen ist es ein knüppelharter Job auf manchmal sehr kleinen Höfen. In einem kleinen Dorf im Wesertal trafen sich die Herren der Schöpfung nach dem Kirchgang im Nachbardorf in der einzigen Wirtschaft des kleinen Ortes. Man saß zusammen, trank Bier, besprach das Nötigste, rauchte und vertrieb sich die Zeit bis zum Mittagessen. Dass Nordhessen tatsächlich nur das Nötigste sagen, wenn sie es nicht anders wollen, und auch nur auf die gestellte Frage antworten – das zeigt folgender Dialog. Bauer F. druckste schon den ganzen Vormittag im Wirtshaus herum, denn eigentlich konnte er den, den er was fragen wollte, nicht leiden – und nun war er auf dessen Unterstützung angewiesen. Irgendwann überwand er sich und sagte:

„Erwin, dinne Kuh war doch neulich so krank. Was haste ihr dann damals gegewen, minne hodd jetz die gleichen Symptome."

Bauer Erwin setzt kurz sein Bierglas ab und sagt: „Salmiakgeist."

Eine Woche später, es ist wieder Sonntag, trifft man sich wieder nach der Kirche in der Kneipe.

Bauer F. wirkt angefressen und haut sofort Bauer Erwin an.

„Hömmo, Erwin, ich honn minner Kuh jetzt Salmiakgeist gegewen. Weiste was? Daraufhin isse gestorben!"

Bauer Erwin: „Minne damals au."

Von gagen und gauzen

Man braucht für das Nordhessische eigentlich in den seltensten Fällen einen Dolmetscher – vor allem dann, wenn die Sprache mal wieder so knapp ist, dass man eher Ergänzungstexte als reine Übersetzung benötigt. Nur bei manchen Begriffen setzt das Verständnis beim normal Sprachbegabten aus. Einer der Top-Botschafter der nochdhessischen Schbroche war der unvergessene Arno Siebert. Er schrieb für die HNA gelegentlich Mundart-Glossen, und als er eines Tages mal wieder ein Manuskript abgab. sprach ihn ein zugereister Kollege an.

„Sag mal Arno, was eigentlich heißt gagen?"

Nun, gagen heißt eigentlich nichts anderes als rufen – und Arno Siebert machte das am gern genommenen Beispiel mit Luis Trenkers Film *Der Berg ruft* deutlich. Denn dieser Filmtitel heißt auf Nordhessisch *Der Berg gaged*.

Der zugereiste Kollege schaute interessiert, Arno Siebert steigerte die Beispiel-Intensität mit einem zweiten Filmtitel. „Kennst Du denn den Film *Und immer lockt das Weib* mit Brigitte Bardot?" Der Kollege nickte. „Uff Kasselänerisch würde das heißen: Un alszus lockt die Ahle."

Worauf der Kollege, erschüttert und leicht krächzend, hervorbrachte:

„Okay, das mit gagen habe ich verstanden – was aber heißt gauzen?"

„Gauzen is gaged wenn's knipped." Sprach's und verschwand.

Gauzen, nun wissen wir es, meint, wenn man vor Schmerzen aufschreit.

Wieder einmal schaute Patient Heinrich B. bei unserem Wilhelmshöher Arzt Dr. G. vorbei. Eine reine Routineuntersuchung, B. hat Hypertonie und Dr. G. misst ihm mal den Blutdruck und muss ihm neue Medikamente verschreiben. Um die Zeit zu überbrücken, fragt er B.:

„Sagen Sie mal, Sie sind doch so was wie Experte in nordhessischer Mundart. Wieso sagt man eigentlich Hä, wenn man nachfragt und auch Hä, wenn man jemanden meint?"

„Das schdimmed so nidd, Herr Doggder. Hä? – das sachd mer middem kuchzen ä. Da fragt mer also nach, soll heißen. Wie bitte, was hamse gesachd."

„Und das andere hä?"

„Naja, das honnse schon ma falsch usgeschbrochen. Bei diesem ,Hä' liechd de Betonung sozusagen uff der zweiten Silbe. Also ,Hä'".

Dr. G. schaut irritiert.

„Also, schdellen mer uns ma ganz dumm. Hä sachd me ja, weil hä hä is un nidd es."

„Wer bitte ist denn es?"

„Naja, es wäre, wenn hä zum Beispiel sinne Frau dabei hätte. Dann wäre es sinns und hä wäre emme sinner, also gehören es und hä zusammen. Wenn es awer jetzt beispielsweise sinnen Bruder dabei hätte, dann wäre hä, also der Bruder, emme sinner – awer sinn Mann au. Es wäre sins, also emme sinne, awer forn

Bruder wäre es sinns. Un wenn hä, also emme sinner, ich meine sinnen Mann, sinne Schwester middegebracht hätte, dann wäre es sins, awer us ährer Sicht, also ussem Blickwinkel von es, wäre es, also das annere es, de Schwägerin. Un us Sicht vom Bruder – ach, da simmer ma froh, dass de Schwester gar nidd da is."

Dr. G. misst verständnislos zum dritten Mal den Blutdruck, ihm fehlt die Kraft, sich zu konzentrieren.
„Do sinnse sprachlos, Herr Doggder, was? Awer disse Zusammenhänge sin so einfach, dass sich de Logik sogar dem Engländer erschlossen hat, der hodd das üwwernommen."
Dr. G. beginnt, sich selbst den Blutdruck zu messen.
„Sehnse, Herr Doggder, der Engländer sachd ja au he, wenn hä von emme schbricht. Hä schriewet's halt nur mit e. Un spricht's au anners us. Awer die honn ja au Linksverkehr."

Kundenpflege

Nordhessen haben so manchen Trick, um Vertrautheit zu suggerieren. Nehmen wir den Harleshäuser Schlachter, nennen wir ihn einfach M., der mit gestresstem Gesichtsausdruck im Laden zuständig ist für die Fleischabteilung. Egal, wer im Laden ist, er wird mit Namen angesprochen. Das einzige Problem dabei: Er kennt die Namen nicht und versucht das zu vertuschen. Schauen wir mal rein ins geschäftige Treiben.

M. wischt sich die Hände an einem Tuch ab, schaut noch mehr gestresst, der Blick schweift über die Menge Menschen auf der anderen Seite der Ladentheke.
„Wer is dann der Nächste?"
Eine Dame in der ersten Reihe meldet sich:
„Ich."
„Was darf's denn sein, Frau Äh ...?"
„Vier Rouladen, bitte."
„Sehr gerne, Frau Äh. Guggen Se moh, das is erstklassige Ware, nur vom Feinsten, Frau Äh. Wollense dicke oder dünne Scheiben?"
„Och, machen Sie einfach mitteldünn."
„Machen wir, Frau Äh. Is sowieso der gleiche Preis."
„Wie bitte? Dicke Scheiben sind so teuer wie dünne?"
„Nene, Frau Äh. 100 Gramm sin da so teuer wie hier. Kleiner Scherz meinerseits, wissense, Lachen is gut für die Kundenbindung Frau Äh. Noch'n Wunsch?"
„Das wär's."
„Macht 16,43, Frau Äh. Awer, weil's Sie sin: 16,40, wenn das kinn Preis is. Nochen schönen Tach."
M. wischt sich die Hände ab und konzentriert sich erneut.

„So, wer kimmed dann nu drann?"
Ein älterer Herr meldet sich.

43

„Ach, lange nidd gesehen, Herr Äh. Was darf's dann sinn?"

„Ich soll was von der Wurst holen, die meine Frau immer kauft."

„Un welche wäre das dann?"

„Das is immer so ne runde."

„Gucken Se mo hier, Herr Äh, das is ne runde, das is ne runde und das au. Welche dann nu?"

Der Mann leidet, er kratzt sich am Kopf.

„Ich weiß es nicht, sie hat immer so besonders geschmeckt, sagt sie – ich esse so was doch gar nicht."

„Jo, also, Herr Äh, giwwed's dann kinnen anneren Anhaltspunkt als den, dass Sie nidd wissen, wie se schmegged, de Wuchschd?"

Der Mann kramt seinen Zettel raus und schaut drauf.

„Oh, Herr M., das tut mir Leid, da habe ich mich vertan. Die Wurst soll ich im Edeka holen, entschuldigen Sie, das ist jetzt ein Irrtum."

M. schaut konsterniert, der Mann geht, M. wendet sich an die Kundschaft.

„Das tut jetzt weh, sache ich Ihnen. Da is mer midden Kunden so vertraut un merkt sich sogar alle Namen und dann das ..."

Die Podiumsdiskussion

Manche Zeitgenossen behaupten ja, das Nordhessische sei ein gewöhnungsbedürftiger Dialekt. Aber das stimmt nicht, Patient Heinrich B. würde sagen:
„Es is 'ne gepflegte Schbroche."
Der Beweis:
An der Uni Kassel fand ein Symposium statt. Ein Tag lang wurden die Erkenntisse referiert, wo denn im Lande besonders reines Hochdeutsch gesprochen würde. Abends eine Podiumsdiskussion, ein Sachse, ein Nordhesse, ein Herr aus Hannover und ein Schwabe diskutierten im Gießhaus auf dem Campus, ein Professor moderierte. Auch hier die Frage: In welcher Region wird das sauberste Hochdeutsch gesprochen. Nach einer Stunde zieht der Professor eine Diplomarbeit eines seiner Studenten hervor und referiert den Inhalt. Ergebnis: Das reinste Hochdeutsch wird in Hannover gesprochen. Der Nordhesse nickt, meldet sich und sagt: „Stimmet. Aber dann kommen mäh."

Es gibt in Kassel Stadtteile, in deren Namen kommt der Buchstabe *R* zweimal vor. Brasselsberg, Niederzwehren, Oberzwehren, Wesertor, Warteberg-Philippinenhof. Aber, und so wird die besondere Logik der nordhessischen Aussprache deutlich, es gibt nur einen Stadtteil, der sich mit einem R schreibt, aber mit zwei R ausspricht: Harlershausen.

Und der schöne Ort Röhrenfurth an der Fulda – da streiten sich die nordhessischen Gelehrten, mit wie vielen R der ausgesprochen wird. Einigen wir uns auf ein R – denn das R mutiert zweimal zum ch – Röchenfuchth halt. Was sonst ...

Die Hundetüte

In einer der zahlreichen Wehlheider Fleischereien hatte der Inhaber die Idee, abends nochmal für einen kleinen Umsatz zu sorgen und bot Hundetüten für zwei Mark an – voll mit Abschnitten, Resten, all den Dingen, die sich nicht mehr verkaufen ließen. Und tatsächlich: Das Geschäft florierte, die Hundetüte, ab 17.30 Uhr im Angebot, wurde der Renner. Und sparte dem Fleischer manche zeitraubende Aufräumarbeit. Aber Nordhessen sind ja in der Regel geschäftstüchtig, wenn es um „Schnäppchen" geht. Und so kam es, wie es kommen musste. Mutter Heinrich hatte ihren Filius, den zehnjährigen Alfred, losgeschickt. Der stellte sich im Laden brav an, bis er an die Reihe kam. Die Verkäuferin fragte ihn:
„Was dürf's dann sinn, Junge?"
Und Alfred antwortete: „For zwei Mark 'ne Hundedudde. Aber kinne Blutwurst, die isst min Vadder nidd."

Geschichten von der Oberweser (2):
Die Gans

In unserem kleinen Dorf an der Oberweser, dessen wahre Identität hier aus mancherlei Gründen verschwiegen wird, ging das Leben zu Zeiten, als es noch kein Fernsehen in den guten Stuben gab und die Abwässer in Sickergruben oder direkt im Fluss verschwanden, beschaulich zu. Jeder kannte jeden – und so fieberte das ganze Dorf mit, als der einzige Sohn des Bauern K. im hohen Alter von 40 Jahren doch noch ein Mädel fand, dem er dann auch einen Antrag machte.

Auf dem Campingplatz hatte er sie kennengelernt – sozusagen nebenan, denn der Hof grenzte direkt an diesen an.

Es war ein Mädel aus Kassel, was die Bauern beim abendlichen Tratsch aber nicht sonderlich störte.

„In dem Alder musste halt nehmen, was kimmed", sagte der Altbauer und Vater des Bräutigams – denn so weit war es nun, die Hochzeit stand bevor.

Es war Vorweihnachtszeit und die junge Ehefrau bestand dann darauf, ihrem Gatten die erste Gans ihres Lebens selbst zuzubereiten. Er durfte sich nicht einmischen, saß im Wohnzimmer, hörte Radio, las Zeitung, schaute draußen nach dem Vieh – und hörte aus der Küche manch gewöhnungsbedürftiges Geräusch. Nach einer Stunde wurde es ihm zu bunt und er rief durch den Flur:

„Schatzi, klappet's dann mit der Gans?"

Darauf sie:

„Jo, klappet ganz gut. Geruppt honn ich se schon, jetzt muss ich se nur noch schlachten."

Geschichten von der Oberweser (3):
Wie spät?

Das Landleben hat, wie schon erwähnt, seinen eigenen Charme. Vor allem dann, wenn Touristen unbedarft das Idyll stören. So wie der Camper, der durchs Dorf lief und dann den Landwirt beim Melken sah. Was fragt man, um ein belangloses Gespräch zu eröffnen, möglicherweise mal einen Kontakt zu Einheimischen zu knüpfen?

„Sagen Sie mal, guter Mann", fragte der Tourist mit norddeutschem Akzent, „können Sie mir möglicherweise sagen, wie spät es ist?"

Der Landwirt nickte, hob das Euter der Kuh ein Stück nach oben und sagte:

„Viertel nach sechse."

„Donnerwetter", meinte der Tourist, „was sind Sie denn für ein Naturbursche! Sie heben das Euter der Kuh an und sagen mir, wie spät es ist?"

„Jo klar, sonst kann ich ja de Uhr vom Kirchturm nidd sehen."

Das Nordhessische ist in mancher Hinsicht gesprochenes Steno. Mit manchmal mehrfachen Deutungsmöglichkeiten. Eine der beliebtesten Begrüßungsformeln ist „Wie dann?" – was so viel heißt wie: „Wie geht es?" oder „Was macht das Leben?". Interessant ist die Antwort – denn die wird häufig, weil sie einer inneren Logik des Gesprächs folgt, nicht gegeben. Der Befragte sagt nur indirekt, wie es ihm geht und antwortet: „Jo. Un selbst?".

Was wiederum so viel heißt wie „Es geht mir gut, Danke der Nachfrage. Und wie geht es Dir?"

Daraus kann sich dann im besten Fall ein Endlos-Dialog ohne Fakten entwickeln, an dessen Ende die Gesprächsteilnehmer aber immer wissen was los ist – oder wenig genug, um für Gerüchte zu sorgen. Etwa so ginge es dann weiter:

„Un daheime?"

„Au."

„So. Naja. Hoste dann d'n Karle moh widder gesehen?"

„Hör uff."

„Was dann?"

„Disser Huddich."

„Was dann? Kennsten doch."

„Jo."

„Awer?"

„Nix awer. Ich sach je nur: Disser Huddich."

„Do hoste Recht."

„Un sonst?"
„'S wird schon wär'n."
„Jo. Is je immer gewochden."
„Stimmed. Also ..."
„Jo. Bis de Tache."

Sprachkurs (2):
Der Huddich und andere

Wobei man noch etwas zum Wort „Huddich" sagen sollte. Denn der Huddich, manchmal auch Huttich geschrieben, ist eine Bezeichnung für einen pfiffigen, ausgeschlafenen Burschen – was im Endeffekt bedeutet, dass ein Huttich nichts anderes ist als ein Sauwanst. Der hat mit der eigentlichen Bedeutung des Wortes (Schweinebauch) gar nichts zu tun, wird aber gern genommen als Ausdruck für ein freches Kind, aber durchaus positiv gemeint. Wobei der Ausdruck Wänste insgesamt für eine Kinderschar gilt – der Wanst im Singular aber nur den Bauch eines Menschen, eigentlich eines Mannes meint. Womit gleich deutlich wird, was Wanstrammeln ist: Bauchschmerzen natürlich. Wenn also irgendein Huttich, der sich einen Wanst angesoffen hat, Wanstrammeln hat, dann kommt das gern vom Schobben-Suffen. Was in Apotheken gern zu solchem Dialog führt:
Ein Mann mit Bauch kommt herein und sagt leise zum Apotheker:

„Herr Doggder, ich honn so'n Knippen im Wanst, 's rammelt als und ich krieje das nidd los."

Der Apotheker nickt und gibt ihm ein Medikament, kassiert und der Mann geht. Worauf die nächste Kundin die Hand vor den Mund hält und flüstert: „Herr Doggder, das is doch der Müllerschen ährer, die honn doch so vähle Wänste. Awer sachen se ma: Siffd hä dann?"

Geschichten von der Oberweser (4): Das Kino

In unserem kleinen Dorf an der Oberweser zog in den siebziger Jahren des vorigen Jahrhunderts langsam ein bisschen Wohlstand ein. Man kaufte sich ein Auto, fuhr auch mal in die Stadt – und nach dem Einkaufsbummel ging es auch schon mal ins Kino. Wir erinnern uns: Damals gab es noch Platzanweiser, die in den Phasen völliger Dunkelheit, die beispielsweise beim Wechseln von Filmrollen auftreten konnten, verspäteten Besuchern mit einer Taschenlampe den Weg zu ihren Sitzen leuchteten. Eine Welt, die sich dem Ehepaar F. aus unserem kleinen Dorf völlig neu erschloss. Und es passierte, was kommen musste: Man verspätete sich zum Kinobesuch, fand den Weg zum Vorführsaal, öffnete die Tür, huschte hinein und stand im völligen Dunkel.

Da ging weiter unten, etwa Mitte des Ganges, ein rundes Licht an, auf den Boden gerichtet und näherte sich schnell und zielstrebig. Bauer F. erfasste die Situation und erkannte die Gefahr blitzartig. Er stieß seine Frau zur Seite und rief: „Gechda, zur Seite, da kimmed 'n Fahrrad!"

39 Jahre

Wenn es eines gibt, vor dem man in unserer Region keine Angst hat, dann sind es Fettnäpfchen. Wenn man hineintappt, dann tröstet man sich damit, dass das Fett ja spritzt und die Umstehenden auch was davon haben. Anfang 1996 kam ein älterer Leser in die Redaktion und beklagte sich über Fehler in der Zeitung. Dies und jenes passte ihm nicht – und die emsigen Bemühungen des Autors, auch mal auf die Zwänge des Alltags, die Fehlerlosigkeit im redaktionellen Treiben nicht unbedingt förderten, hinzuweisen, verpufften kläglich.

Ein Auszug:

„Da honn ich hier uff der ersten Seite, newa, guggen se moh, da steht das Küchzel dap. Das heißt doch dpa, oder etwa nidd? Nu schbrejjen se mir nidd, dass das de Technik is, da hodd de Redaktion geschlampt. Und ich muss au noch dodefor zahlen. Wenn ich so gearbeitet hädde, wissen se ..."

„Was haben Sie denn gearbeitet?"

„Ich bin ja jetzt Frührentner, aber mäh hädden uns das nidd erlauben dürfen."

„Was haben Sie denn nun gearbeitet?"

„Ach, hönnse, uff, als disse Ussreden, sachen Se ma, wie alt sin Sie dann eigentlich?"

„39."

„Also wissen se", sprach der Mann, packte seine Klamotten zusammen und ergänzte: „Für Jahrgang 39 honn se sich wirklich gut gehalten."

Geschichten von der Oberweser (5): Das Gebiss

In unserem kleinen Dorf an der Oberweser war Weihnachtszeit. Jahrelang hatte die Familie des Bauern, bei dem ich so oft zu Besuch war, versucht, die Oma zu überzeugen, ihr immer lückenhafter werdendes Gebiss durch künstliche Zähne aufzubessern – erfolglos. Aber eines Tages war es dann wohl doch zu beschwerlich, immer nur auf der Felge zu kauen, und so bekam die Großmutter die dritten Zähne. An einem Adventssonntag war ich dann mal wieder zu Besuch. Es gab herrlichen Kuchen und wunderbare Plätzchen, phantasievoll geformt, wohlschmeckend. Irgendwann fragte ich dann die Oma.

„Sag ma, Omma, wie klappet's dann so middem Gebiss?"

„Och, Junge, das klappet ganz prima. Un ich honn je au gar nidd gedacht, wie praktisch die Zähne sin. Oder was meinst Du, womit ich disse Plätzerchen geformt honn?"

Hochdeutsch für Südhessen

Nordhessen und Südhessen – das ist wie Feuer und Wasser, zumindest auf dem Papier oder der Rede nach. Der nördliche Landesteil war nach dem Krieg von mancher Goldader des Lebens abgeschnitten, beraubt des östlichen Lebensraums durch die innerdeutsche Grenze. Und man fand, dem Gefühl nach, beispielsweise auch im Hessischen Rundfunk, dem Frankfurter Herrschaftssender, nicht statt. *Der Winter, der ein Sommer war* – ein Film, der in Bad Karlshafen spielte, vom HR produziert – er sorgte für Tumulte im nördlichen Landesteil, weil die Schauspieler südhessisch redeten.

Bei Beiträgen über Fußballspiele aus dem Auestadion vergaß man schon mal das eine oder andere Tor, im Rundfunk fand Nordhessen nur unzureichend statt. So empfanden es die Nordhessen. Die Südhessen empfanden gar nichts – weil ihnen Nordhessen tatsächlich ziemlich egal war. Was dazu führte, dass die

Nordhessen die aus dem Südhessen als doof empfanden. Und natürlich Witze machten.

Südhessisch, so meinen immer noch viele im Norden, könne man nur sprechen, wenn man ein Stück jahrelang ungepflegten Flokatis im Mund habe – und wer so rede, könne nicht auf der Höhe der Zeit sein. Und um diese Tatsachen rankt sich eine Episode.

So heißt es, dass eines Tages ein Südhesse die Schnauze voll gehabt habe, überall in Deutschland an seiner Aussprache erkannt zu werden. Wo auch immer er den Mund aufmachte – die Frage lautete prompt:

„Sind Sie aus Südhessen?"

Er ging also beruflich nach Hannover, wo bekanntlich das reinste Hochdeutsch im Land gesprochen wird. Fünfzehn Jahre schulte er seine Aussprache und fuhr danach erstmals wieder gen Süden, um zu sehen, ob seine Sprache und auch sein Intellekt sich nachhaltig verbessert hätten. In Kassel machte er Station. Schlenderte durch die Obere Königsstraße, ging in einen kleinen Laden und wurde, als er dran war, von der Verkäuferin angesprochen.

„Was dürf es dann sin, der Herr?"

„Ja", erwiderte der und strengte sich besonders an. „Ich hätte gern ein Viertelpfund Jagdwurst, fünf Scheiben gekochten Schinken, 100 Gramm Sommersalami und 150 Gramm mageren Aufschnitt."

Die Verkäuferin blickte ihn nachdenklich an.

„Sachen se ma, sinn Sie dann etwas us Südhessen?"

„Ja," sagte der Mann erneut.

„Wie haben Sie das gemerkt? An meiner Aussprache?"

„Ne, das nidd", sagte die Verkäuferin, „aber das is hier 'n Schuhgeschäft."

Hilfreiche Hinweise

Sprunghafte Bezüge – so in etwa könnte man es ausdrücken, wenn manche Nordhessen höchst konzentriert zur Sache gehen. Nehmen wir mal den Fall an, der nachhaltig beweisen kann, dass die Einheimischen weltoffen, kommunikationsfreudig, charmant und allem Neuen gegenüber aufgeschlossen sind.

Ein auswärtiger Autofahrer hat sich verfranst. Baustellen, unsinnige Ampel- und Abbiegeregelungen haben ihn, wie in Kassel nun mal üblich, völlig aus dem Konzept gebracht, einen Navi hat er nicht dabei. Er sieht auf dem Bürgersteig einen älteren Herrn schlendern und hält an, die Seitenscheibe geht herunter, er fragt:

„Entschuldigen Sie, sind Sie von hier?"

Der ältere Herr bückt sich und schaut durch die Scheibe den Fahrer an.

„Nee, ich bin gebüchtig us Hombressen. Wieso dann, was is dann lose?" –

„Äh, kennen Sie sich hier aus?"

„Jo, wie mers nimmt. Wo wollen Se dann hinne?"

„Ich suche die Grillparzerstraße im Stadtteil Fasa-
nenhof. Wie komme ich da hin?"

„Ach, Du liebe Zidd. Momentema, äh, von wo kom-
mense dann?"

Er geht ein paar Schritte nach vorn und sieht ein
norddeutsches Nummernschild.

„Ach, Se sin us Bremen. Jo, dann sinnse hier völlig
falsch."

„Wie? Nur weil ich aus Bremen bin?"

„Nä, das is in Ochdnung, von wo dass Se herkommen
honn ich gemeint. Wachdense moh. Also, wennse ussem Nochden kommen, dann hättense glich am kleinen Kreisel nach rechts gemusst. Obwohl: Das is jetzt
gar kinn Kreisel mehr, da hammer nur noch den großen, aber da wärense zu weit gewesen. Oder sinnse
etwa da lang? Jo, klar, schon hammer den Salat. Da
liecht der Fehler."

„Dass ich falsch gefahren bin, das habe ich mir schon
gedacht, wie kann ich das jetzt korrigieren?"

„Jo. Also, foljendermaßen, aber einfach wird's nidd,
das schbrejje ich Ihnen. Also wennse jetzt geradeuss
fahren und dann da vorne, wo de Seltersbude vom ahlen Löhfelm steht, nidd rechts fahren, wo se als Dau-
ergrün honn ... Obwohl, warte ma, der ahle Löhfelm
is je schon lange tot. Also: die Bude giwwed's au gar
nidd mehr, glaube ich. Also, da wo die Bude nimmehr
is, da biejen se au nidd ab, sondern fahren als gera-
deus. Un alszu weiter, bis zur nächsten Ampelkreu-
zung, da links, üwwer den Berg drübber, das is der
Weinberg, da war im Krieje 'nen Riesenbunker drinne

– aber sachense ma, sie honn sich aber ganz schön verkuzzelt hier in der Stadt, sachense ma, wie is Ihnen
dann das passiert? So, wo warmer stehngeblieben?
Ach so, jo, der Weinberg. Da fahrense als geradeuss,
da kimmet links das Fridericianum, wissense, wo da
alle fünf Jahre bi der doggumendah disse verrückten
Künstler rumrammeln, und alszus wieder geradeuss,
über de nächsde Kreuzung und dann frachen se am
besten nochemoh. Da war mo früher ne Tankstelle,
die giwwed's awer nidd mehr, das is aber wichtig,
weilse nur da halten dürfen woannersder isses nämlich verboten. Also, nochemoh: Hier runner, als geradeuss, links, alszus wieder geradeuss und dann
nomma frachen. Un wennse sich nochemoh verfahren, dann sachense nidd, wer sie geschickt hodd,
newa?"

Sprachkurs (3)

Womit wir bei neuen sprachlichen nordhessischen Ei-
genheiten wären. Wenn man in Nordhessen fragt:
„Wo machst Du dann hinne?" – dann ist das nicht die
etwas verklausulierte Frage nach der nächsten Toilette
oder noch unappetitlichere Varianten. Nein, man will
wissen, wo der Angesprochene hingehen möchte, was
sein Ziel ist. Und die Aussage „Ich rammele schon
den ganzen Tag rum" hat nichts mit sexuellen Eska-
paden zu tun – nein, hier geht es nur darum, dass sich

jemand unendlich abhetzt. Was dazu führt, dass er möglicherweise knurrig ist, was man „knuchich" ausspricht. Und das berühmte „verkuzzelt" – naja, das kann vieles heißen. Wenn die Haare durcheinander sind, dann sind sie verkuzzelt. Bindfäden können sich gern mal verkuzzeln, Schnürsenkel auch – und Autofahrer, wenn sie von usswärts kommen und sich verfahren, die sind das im Zweifel auch. Verkuzzelt nämlich.

Pech mit den Frauen

Knurrig ist man in Nordhessen gern mal – wenn auch meist nur demonstrativ, gelegentlich auch in der Stammkneipe. In Wehlheiden, bekanntermaßen der Kasseler Stadtteil mit der größtmöglichen Kneipendichte (früher), kam am Sonntagmorgen ein Gast zum Frühschoppen, es war im „Schönfelder Hof", setzte sich an die Theke, bestellte ein Bier und einen Korn, also einen „Kuchzen". Machte ein trübsinniges Gesicht. Der Wirt kam mit den Getränken, stellte die auf zwei Bierfilze und fragte:
„Is dann irjendwas lose? Kann ich dann helfen?"
Doch der Gast guckte jetzt knurrig und winkte ab, bestellte mit einer Handbewegung eine neue Runde. Nach dem dritten Gedeck wurde es dem Wirt zu bunt und er insistierte:

„Hönnse ma, irjendwas is doch lose, nu sachenses einfach moh, mä honn doch Verständnis ...“
„Ach,“ knurrte der Gast, „ich honn so'n Pech midden Frauen im Läwen. Nur Pech, alszus ...“ und kippte den Schnaps hinunter.
„Also, hörense ma, so was giwwed's doch gar nidd. Wieso das dann?“
„Sehnse moh: Minne ersde Frau is mir abgehauen, de zweite au. Un de dritte nidd ...“

Die drei Brüder

Überhaupt: die Kneipenkultur. Da, wo sich die Einheimischen treffen und sich gelegentlich ein paar Zugereiste druntermischen, da kann man die Wesenszüge der Menschen, vor allem eben der Einheimischen, besonders gut studieren.

Wieder in einer der zahlreichen Gastwirtschaften Wehlheidens – die Episode hätte sich aber auch überall sonst in Nordhessen ereignen können. Ein neuer Gast betritt am Sonntag, genau zur Gottesdienstzeit, die Kneipe. Es sitzen da diejenigen, die da immer sitzen. Und sie reden das, was sie immer reden. Und sie trinken das, was sie immer trinken. Weil sie mittags das Essen erwartet, das sie immer erwartet. Eins bedingt im Verhalten des Menschen das andere – und doch ist an diesem Tag manches anders.

Der Neue setzt sich an die Theke und auf den fragenden Blick des Wirtes hinter dem Tresen (wozu braucht man Worte – wenn man fragende, tadelnde, auffordernde, verzweifelte Blicke im Repertoire hat) bestellt er:

„Ich hätte gerne drei Schobben." Womit klar ist: Er ist zwar neu in der Kneipe, aber er spricht die Sprache. Der Wirt, der sich seit langem über nichts und vor allem keine ungewöhnlichen Bestellungen mehr wundert, zapft drei Martini-Pils und stellt sie dem Mann vor die Nase. Der lächelt, stößt die Gläser untereinander an, ohne ein Wort zu sagen, trinkt aus, zahlt und geht. Am nächsten Sonntag dann die gleiche Prozedur. Wieder Gottesdienstzeit – und die Männer trinken schon einmal einen Kurzen, um den Geruch der Mittagessen im Treppenhaus besser ertragen zu können. Wieder kommt der Mann rein, mittlerweile ja kein Neuer mehr, setzt sich an die Theke und bestellt drei Bier. Der Wirt ist jetzt neugierig geworden, bringt die Biere und fragt:

„Hönnsemo, dass hier midden drei Schobben, ich frache nur moh, wieso stoßen Sie dann jetzt an un suffen die dann nacheinander us?"

Der Gast schmatzt kurz, wischt sich Schaum vom Mund und sagt:

„Ach wissense, das is ganz einfach. Ich honn zwei Brüder. Einer wohnt in Alabama, einer in Yokohama und mäh honn beschlossen, weil ich sozusagen in der Mitte wohne, dass ich an einem festen Tach in 'ne Kneipe gehe un sozusagen for die beiden midde ei-

nen trinke, damit mä einmoh pro Woche einen suffen."

Der Wirt ist's zufrieden und geht. Wochenlang sonntags die gleiche Prozedur. Eines Tages kommt der
Mann rein, der mittlerweile für die anderen am Sonntag zum Bestandteil des menschlichen Inventars geworden ist, setzt sich an die Theke – und der Wirt
bringt ungefragt drei Bier.

„Nene", sagt der Mann, „dissesma nur zweie."

Der Wirt bringt ein Bier zurück, grübelt und kommt
zurück.

„Entschuljense, wenn ich moh frache: Awer is dann
irjendwas mit einem der Brüder? Muss mer sich Sorgen machen?"

„Nene", sagt der Mann, „es is gar nix. Dem in Alabama geht's prima, dem in Yokohama au, nur ich
honn uffgehört zu suffen."

Fremde in der Stadt

Und manchmal verirren sich doch Usswärtige in die
Kneipe. An einem Tag, es war Herbstausstellung (früher Hausfrauenausstellung genannt) kamen ein Han-
delsvertreter aus Düsseldorf und einer aus Köln in die
Kneipe. Auffällig: Sie setzten sich an einen Tisch, an
dem schon ein Einheimischer sah, der das mürrisch
betrachtete – denn zum Bestandteil nordhessischer

Kultur zählt so etwas nicht zwingend – wenn einer am Tisch sitzt, dann ist der besetzt. Der Wirt kommt und fragt nach den Wünschen.

Der aus Köln bestellt ein Kölsch, der aus Düsseldorf ein Alt. Da schaut der Wirt seinen dritten Gast an, der vor einem leeren Schoppenglas sitzt.

„Un, was widd Du?"

Der Mann guckt, schon knurrig, seine Nebenleute an und sagt:

„Ne Cola!"

Der Wirt staunt.

„Was widd Du dann jetzt mit ner Cola?"

„Nojo, wenn die beiden kinn Bier suffen, dann suff' ich au kinns."

Die Leiden des Dr. G. (4)

Wenden wir uns wieder unserem leidgeprüften Wilhelmshöher Arzt Dr. G. zu und dem Thema, wie zielstrebig und präzise Nordhessen sprachlich sein können – wenn sie wollen. Patient Heinrich B. ist mal wieder zur Routineuntersuchung da, es ist alles in Ordnung, der Arzt verschreibt ihm zum Schluss noch ein Rezept für die Blutdruckmedikamente, die B. immer nehmen muss, und versucht die Zeit ein wenig durch Smalltalk zu überbrücken.

„Ihre Frau hat mir erzählt, Sie hätten einen neuen Motorroller, gratuliere! Was ist es denn für einer?"

„Och, Herr Doggder, ich honn widder ne Vespa. 'S is zwar 'n Italiener, awer hä hodd minne Ahle for'n guten Preis in Zahlung genommen.

„Ihre Ahle?"

Doktor G., mittlerweile mit Grundzügen nordhessischer Sprache in etwa vertraut, guckt verständnislos.

„Ach so, nidd, was Sie meinen, Herr Doggder. Minne ahle Vespa meine ich."

Doktor G. entspannt sich.

Da der Drucker fürs Rezept klemmt, muss er aber eine Frage nachschieben.

„Welche Farbe hat er denn?"

„Jo, es is so 'ne Art gelb."

„Eine Art gelb? Was ist denn das?"

„Also, Herr Doggder, ich sach ma so, hörense ma zu, das ist foljendermaßen. Wie schon gesachd. Also: Als minne Tante Gechda noch lebte, die hodd immer sonntags mo ingeladen. Also, es is schon ne Weile her, also, da simmer immer midder Straßenbahn bis zum Leipziger Platz und dann den ganzen Rest zum Eichwald russ simmer dann gelatscht. 'S Tante Gwechda hodde dann immer so 'ne Platte mit Kleinigkeiten fors Awendbod gerichtet, kennen Se noch diese Schinkenröllchen, da wor immer so 'ne Brogge Spargel drinne gewesen, meist us der Dose, awer was widde dann machen, mäh hodden ja nix. Un diesen Käse mit Pumpernickel, kennen Se au noch, den honn ich ja geliebt. Un MixPickel hattense au meist, de Silberzwiebeln, das waren minne, da gab es nix."

„Mixed Pickles? Und so sieht ihr Roller aus?"

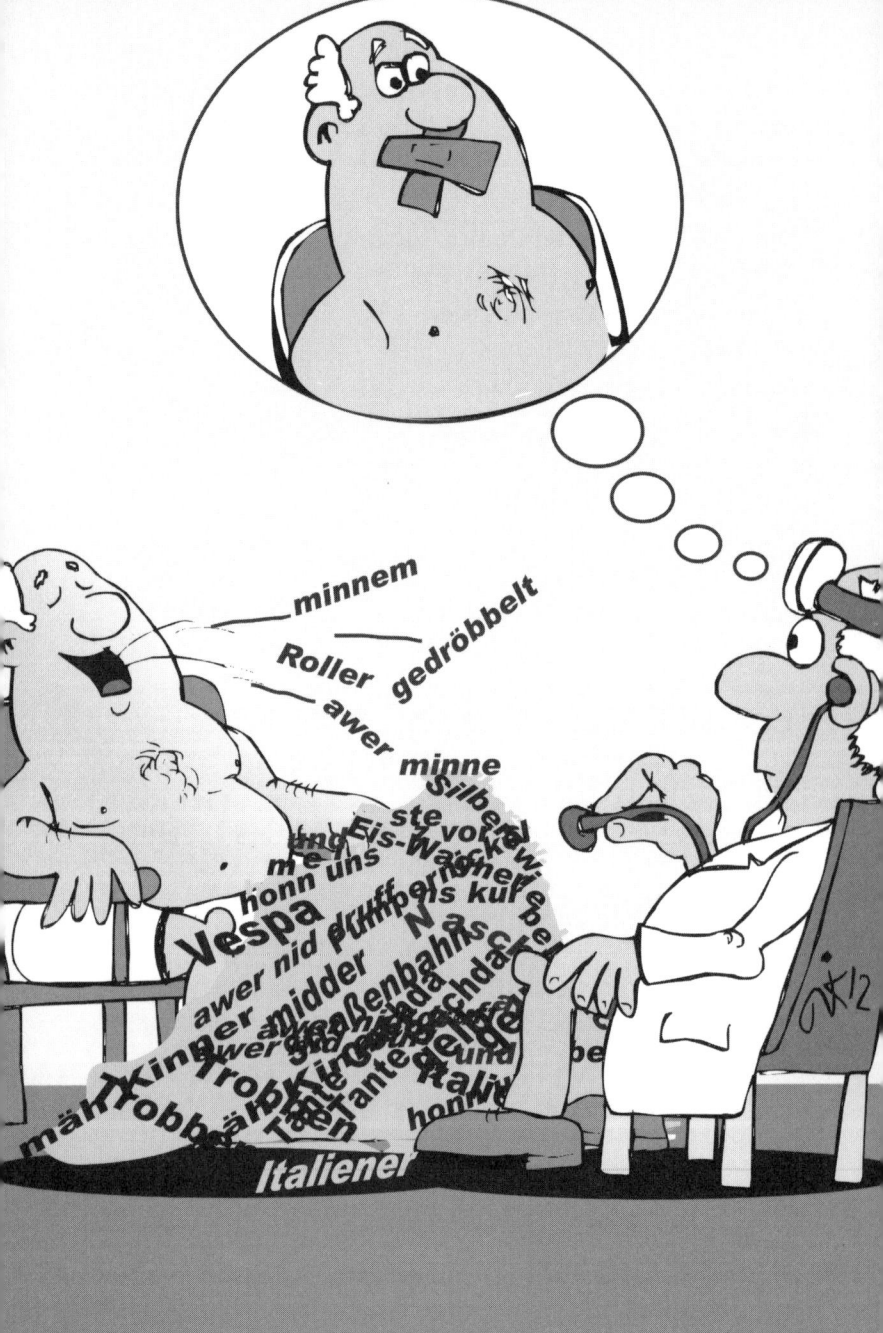

Dr. G. ist blass im Gesicht, hat eine Tüte Fisherman's Friend geöffnet und inhaliert den Duft.

„Nene, wachden Se moh, kimmed glich. Also mäh Kinner honn immer uf de Uhr gegigged, weil um sieben d's Naschkätzchen jo zumachte."

„Naschkätzchen? Ihre Tante hieß Naschkätzchen?"

„Nene, die hieß Gechda, wie's Naschkätzchen hieß? Das weiß ich jetzt gar nidd, muss ich moh 's Gudrun frachen, dass is minne Cousine, die weiß das bestimmt. Ich kann Ihnen das gerne bim nächsten Moh sachen, Herr Doggder, wenn Sie's interessieren tut."

Dr. G. winkt röchelnd ab, sucht nach einem Knopf, um entweder die Sprechstundenhilfe zu rufen oder den Stuhl von B. explodieren zu lassen.

„Jo, also, helf dochemoh, wo war ich dann stehengeblieben? Ach so, das Naschkätzchen. Jo, das war so'ne Eisdiele am Leipziger Platz, da kriechten mäh Kinner dann immer noch for'n Groschen Eis – awer mäh mussten dann rechtzeitig uns auffen Weg machen. So, dann simmer dann da hinne gerammelt, meistens kurz vor sieben, passte genau, honn uns das Eis geschnapped und glich ab in de Straßenbahn heimwärts. 'S Edith, also minne kleine Schwester, die hodd immer erst ganz unnen die Waffelspitze abgeknabbert und abwechselnd oben am Eis geleckt. Es hodd nur Vanille gegessen, ich honn je alles mo probiert, also au Erdbeer, daswar min Favorit. Awer nidd bim Naschkätzchen, eher bim Eis-Wagner in der Friedrich-Ebert-Straße. Den giwwed's heute noch, heißt aber annersder, ich komme jetzt awer nidd druff, kennen Se den au?"

Dr. G. röchelt ein „Nein" und überlegt erstmals ernsthaft, noch am selben Tag mit dem Rauchen zu beginnen.

„Jo, also, weil 's Edith nu je schon de Spitze von der Waffel abgeknabbert hatte, do is dann irgendwann 'n Trobben runnergekullert und emme uff de Strumpfhose oder uffen Rock gedröbbelt. Un, wissen e, Herr Doggder, dieser Trobben, besonders im Sommer, wenn mäh dann daheime waren, dann war der längst getrocknet, hodde au schon nen braunen Rand. Awer innen drinne, disse Farbe von dieser Brocke Eis – jo, das is de Farbe von minnem Roller."

Als B. draußen ist erscheint G. am Empfangsschalter. Er ist ganz blass.

„Hat hier jemand eine Zigarette?"

Geschichten von der Oberweser (6): Norderney

Mit dem bisschen Wohlstand kehrte in unserem kleinen Dorf an der Oberweser auch die Reisefreude ein. Man leistete sich ab und an mal einen Urlaub, wenn man jemanden gefunden hatte, der sich um Haus, Hof und Vieh kümmerte. Doch auch im beschaulichen Ferienidyll zeigt der Nordhesse, wenn es sein muss, seinen einzigartigen Charme.

Bäuerin Elvira kehrte mit ihrem Mann von einem zweiwöchigen Urlaub in einer Pension auf Norderney zurück. Nie zuvor hatten sie das Meer gesehen und hatten eigentlich vorgehabt, die Tage zu genießen. Eigentlich.

Zurück aus den Ferien, erzählte Elvira im Kreis der Bäuerinnen jene Anekdote, die den Rest des Urlaubs die Stimmung beeinflusste. Es war am ersten Tag, die Sonne brutzelte auf den Strand, der Bauer hatte einen Strandkorb gemietet und saß gemütlich drin, eine Zigarre paffend und die Zeitung lesend. Elvira traute sich ins Meer, das allerdings noch recht frisch war. Der Wellengang war beachtlich, zumindest für Binnenländer, sie hopste im hüfthohen Wasser herum, gelegentlich erreichte eine höhere Welle ihr Gesicht, sie genoss es und rief ihrem Mann zu:
„Schatzi, guck doch mo rüwwer, siehste dann, wie mich de Wellen küssen?" und kicherte fröhlich.
Der Bauer senkte die Zeitung, blickte drüber und rief zurück:
„Jo, stimmet, aber hinner Dir brechen se."

Die Leiden des Dr. G. (5)

Unser Wilhelmshöher Arzt Dr. G. hatte sich fest vorgenommen, nach all seinen Erfahrungen den Stammpatienten Heinrich B. auf keinen Fall mehr auf die

Besonderheiten der nordhessischen Artikulationsbasis anzusprechen. Nein, das würde er nie mehr tun.

Eines Tages kam Heinrich B. mal wieder vorbei, er brauchte ein Rezept und nutzte dies, um mit dem Doktor ein Schwätzchen zu halten. Nein, nur ein Rezept am Eingang abzuholen, das wollte er nicht. Ein wenig Gedankenaustausch mit dem Doktor musste schon sein, außerdem sollte der ihm ja den Blutdruck messen.

„Wie geht es Ihnen denn?", eröffnete der Doktor voller Distanz und Zurückhaltung das Gespräch, plötzlich ahnend, dass das möglicherweise schon die falsche Frage gewesen war, aber ihm war nichts anderes eingefallen.

„Och, Herr Doggder, das wissense doch, in unserem Alter is doch als was anneres."

„Was ist denn anneres?", fragte Doktor G., konzentriert auf das Blutdruckmessgerät.

„Se müssden das doch allmählich moh wissen, Herr Doggder. In dissem Fall heißt es in unserer gepflegten Schbroche annersder un nidd anneres!"

„Wie bitte?"

„Naja, wenn was anneres annersder is als was anneres – dann heißt es annersder un nidd anneres."

„Annersder ist als im Nordhessischen, wenn ich mal so sagen darf, die Steigerung von anneres."

„Ne, es dient eijentlich nur der Unnerscheidung, so grammatikalisch, oder wie Sie als Studierter das jetzt sagen würden. Ne Steigerung is was anneres, oder, um moh im Bilde zu bleiben, das is annersder, wie wenn mer sagen würde, es kimmet alszus annersder als wie mer denkt."

Dr. G. schüttelt irritiert den Kopf, fest entschlossen, keinen Beitrag mehr zum Gespräch zu leisten, er denkt an seinen mittäglichen Obstsalat, will auf andere Gedanken kommen.

„Aber wissen se", sagt Heinrich B. nachdenklich, „Sie sin je der Einzigste, den ich kenne, der studiert hat, un wenn sie de Logik unserer Schbroche nidd begreifen, dann is das jo vermutlich so schwer wie Latein."

Dr. G. wird nervös und ein wenig unwirsch, die sprachlichen Unkorrektheiten reizen ihn.

„Ich bin nicht der Einzigste, werter Herr B. Das Wort gibt es ja gar nicht. Der Einzige reicht völlig aus."

„Das stimmet so nidd", sagt B., „in der Schule hodd der Lehrer moh gesachd, hä wäre der Einzige, der richtig Deutsch kann, da honn ich geschbrochen: Ich au."

„Wie? Dann waren Sie die beiden Einzigen? Das geht doch gar nicht!"

„Stimmed. Deswegen hodd minn Kumpel Karle, der neben mir saß, au glich geschbrochen, das hä eijentlich der Einzigste wäre, weil zwei Einzige, sachd hä, das giwwed's doch gar nidd."

Dr. G. beißt die Zähne zusammen, ein leichtes Knirschen ist zu hören, er ist entschlossen, die Klappe zu halten. Vor seinem geistigen Auge baut sich eine Hängematte auf, irgendwo in der Karibik, wo er jetzt gern entspannt liegen würde.

„Awer, Herr Doggder, da mer gerade von Latein geschbrochen honn ...“

B. schnappt sich einen Zettel und schreibt etwas drauf und reicht es dem Doktor.

„Dissen Satz honn ich jetzt neulich moh gelesen, was heißt das dann? Sie sin jo der Einzigste, den ich kenne, der Latein gelernt hodd, oder?“

Doktor G. sieht die Chance, seine bildungstechnische Überlegenheit zu demonstrieren, nimmt den Zettel und liest laut vor:

„Situs vilate inis abanit. Was um aller Welt soll das denn heißen?“

Er grübelt einen Moment. Da meldet sich B. zu Wort.

„Is ganz einfach, Herr Doggder. Lesense moh, sozusachen Lautschrift: Sieht us wie Latein, is aber nidd.“

B. kringelt sich vor Lachen und sagt:

„Sehnse, Herr Doggder, jetzt hammer den Beweis: Ich bin der Allereinzigste, der Latein au richtig usschbrejjen kann.“

Als B. gegangen ist, schaut Doktor G. auf das Skelett, das in seinem Raum als Dekoration steht. Langsam, ganz langsam, nimmt der skelettierte Schädel das Gesicht von Heinrich B. an. Doktor G. öffnet die Schublade, nimmt einen Brieföffner, schleicht sich von hinten an das Skelett und bohrt die Scheide durch die Rippen, er kichert wirr – Sprechstundenhilfe Vera F., die gerade durch die zweite Tür hereinschaut, zieht sich diskret zurück, geht zurück an ihren Arbeitsplatz und schreibt mit zitternder Hand ihre Kündigung.

Die sechziger und siebziger Jahre des vergangenen Jahrhunderts waren die Jahrzehnte der Staubsaugervertreter. Unzählige Male klingelte es an der Tür, und irgendeine bemitleidenswerte Gestalt versuchte, vornehmlich den Hausfrauen das neueste Produkt von Vorwerk aufzuschwatzen. So auch in unserem kleinen Dorf an der Oberweser. Die Oma saß in der Wurschteküche und schälte wie immer Kartoffeln. Hereinspaziert kam am Vormittag ein alerter Herr, lüpfte seinen Hut, stellte sich vor und unternahm dann den Versuch, unserer Oma die Vorzüge des neuen Vorwerk-Modells zu demonstrieren. Er wurde zunehmend unsicherer, denn die Oma sagte keinen Ton. Irgendwann wurde es ihm zu bunt, er stürzte sich in den letzten, den allerletzten Versuch, hier doch noch ein Geschäft zu machen. In der Ecke stand ein Eimer mit Getreidekörnern, als Futter für die Hühner gedacht, er nahm eine Handvoll und schleuderte die Körner auf den gefliesten Boden.

„Gnädige Frau, lassen Sie mich auf diese Weise mal auf praktische Art die Vorzüge des neuen Staubsaugers der Firma Vorwerk präsentieren. Ich verspreche Ihnen: jedes einzelne Getreidekorn, das mein Staubsauger nicht aufsaugt, werde ich persönlich mit dem Mund vom Boden essen."

„Na, dann guten Appetit", sagte die Oma.

Der Staubsaugervertreter wirkte irritiert.

„Wie meinen gnädige Frau?“

„Naja, mir honn hier gar kinnen Strom.“

Die Leiden des Dr. G. (6)

Heinrich B. hatte gerade seine Praxisgebühr bezahlt und den Akt zum Schnuddeln mit dem Personal genutzt, als er auch schon ins Sprechzimmer gebeten wurde. Unser Wilhelmshöher Arzt Dr. G. wollte diesen Patientenbesuch so schnell wie möglich hinter sich haben. Heinrich B. nahm Platz, Dr. G. legte ihm nach einem knappen „Guten Tag!“ sofort die Armmanschette zum Blutdruckmessen um. Doch eine Sprechstunde, dachte sich Heinrich B., hieß ja Sprechstunde, weil man da gefälligst auch sprechen muss. Also legte er los.

„Hönnse moh, Herr Doggder, disse neue Sprechstundenhilfe, das Frau Anna, is je als am anken, wieso das dann?“

„Äh, wie meinen? Anke? Die heißt doch Anna!“

„Hähä, jo, honn ich doch geschbrochen. Aber es anket als.“

„Verzeihung, ich verstehe kein Wort. Was meinen Sie mit anket?“

„Ach so, Sie sinn ja disbezüchlich nidd uffem Laufenden. Also, wenn es als anket, dann heißt das, dass es als am Jammern is. Wieso das dann nu?“

„Ich verstehe nur Bahnhof. Anke ist doch ein Vorname, das kann man doch nicht als Verb benutzen."
Dr. G. spürte bereits den eigenen Blutdruck steigen, er wollte den Mund halten, aber es ging einfach nicht.
„Ne, das stimmet nidd, Herr Doggder. Erst gestern bin ich nachem Friseur rüwwer, hä sollte mäh de Anke usrasieren."
„Wie bitte? Ihr Friseur rasiert die Anke? Wo denn, um Himmels Willen?"
Dr. G.'s Stimme nahm schrille Töne an.
„Nu machense moh halblang, Sie müssen doch wissen, was 'ne Anke is. So nennt mer doch den hinneren Teil vom Kobbe."
Heinrich B. deutete auf die untere Hinterseite seines Schädels.
„Und wenn man das rasiert, dann ist das anken?"
„Ne, Herr Doggder, anken wäre, wemmer sich beklagen würde, dass de Anke nidd richtig usrasiert wäre. Was anneres is, wemmer nidd am anken is, sondern am kneten."
„Ah ja, verstehe. Der Friseur knetet ihnen auch noch die ausrasierte Anke, alles klar."
Dr. G. verspürte leichte Zuckungen der Gesichtsmuskulatur, suchte in einer Schublade Magnesiumpillen, fand aber nur Pullmoll. Es war ihm wurscht, er warf eine Handvoll ein und begann hektisch zu lutschen.
„Ne, das hamse jetzt au falsch verstanden. Am kneten is als mins, also minne Frau, oder wie Sie sagen würden: minne Ahle. Wenn ich zu spät us der Kneipe

komme, dann isses als am kneten. Wenn es jetzt au noch Anke hieße und wäre am anken, dann könnte se bim anken kneten, so als Hobby, aber wennse kneten würde, könnte se nidd gleichzeitig anken, aber der Friseur, wenn hä de Anke, also minne Anke, also jetzt nidd minne Frau, die heißt ja au annersder, bearbeiten würde, dann könnte er au anken und kneten, aber nidd gleichzeitig. Verstehnse?"

„Brabbelmubbelbrabbel ...“

„Jo, Ihnen au Herr Doggder, ich mache mich ma los, sodd au schön bedanged sin.“

Heinrich B. verschwand. Minuten später kam Dr. G. auf den Flur. Pullmoll-Flüssigkeit tropfte aus dem Mundwinkel, er hatte sich ein Namensschild auf den weißen Kittel geheftet. „Anke“ stand drauf. Uschi M., die langjährige Praxischefin, führte ihn in einen Behandlungsraum und goß ihm Eiswasser über den Kopf.

Geschichten von der Oberweser (8): Karle

Jedes Dorf hatte früher so etwas wie einen Dorftrottel, einen Burschen, der nicht ganz auf der Höhe war und beinahe jede Freiheit hatte.

Das war auch in unserem Dorf an der Oberweser so. Karl hieß er, also Karle. Der kam eines Abends die

Dorfstraße herunter, trieb mit einem Stock ein Ferkel vor sich her.

„Karle, wo widde dan hinne middem Fächkel?", rief ihm ein Bauer zu, der an seinem Lanz-Traktor herumdengelte.

„Och, das is so süß, das nehm ich mid heime, das kimmed mit ins Bedde!" antwortete Karle.

„Aber Karle", der Bauer ist entrüstet, „das geht doch nidd. Denk doch nuremo all die Gerüche!"

„Das machd nix, da wichd sich's Schwinn schon dran gewöhnen!"

Geschichten von der Oberweser (9)
Die Fliegen

Es war zu den Zeiten, als es auf den Bauernhöfen der Region noch die so genannten Plumpsklos gab. Der junge Besucher aus der Stadt verbrachte ein paar Ferientage in unserem Dorf an der Oberweser, nach der ersten Nacht unterm Dach des Bauernhofes, nach herrlichem Schlaf unter meterdickem Federbett – aber mit der ungewohnten Beigabe eines Töpfchens fürs Geschäft unter dem Bett – verspürte der Gast einen innigen Drang zur Toilette. Die es ja, wie wir wissen, im Haus nicht gab. Er kletterte die Stiegen hinunter, in der Wursteküche war die Oma wie jeden Tag mit „Gardubbelschälen" beschäftigt. Sie begrüßte den Knirps aus der Stadt mit: „Na, Junge, wie dann? Hosde dann gut geschlofen?"

„Jo, Oma, es is nur ..."

„Was dann, Junge?"

„Ich müsste moh dringend ..."

„Och so, do gehsde russ, üwwern Hof, an der Miste, do is'n Hüsschen middem Herzchen uff der Döhre, da gehste rin."

Der junge Kerl tat, wie geheißen, fand die Herzchentür, ging rein und machte sich mit dem Plumpsklo und den ihm eigenen Gerüchen vertraut. Einige Minuten später zurück in der Wursteküche.

„Na, Junge, hodd dann alles geklappd?"

„Jo, Oma, hodd alles geklappd. D's einzige, was stören tut, das sin de vielen Fliejen."

Darauf die Oma: „Ach Junge, das nächste Moh gehsde in der Middachszidd, do sinnse alle in der Küche."

Die Leiden des Dr. G. (7)

Unser Wilhelmshöher Arzt Dr. G. schlenderte an einem heißen Sonntagmorgen fröhlich am Wehlheider Friedhof entlang. Am Freitag hatte er die Praxis verlassen, die Ferienvertretung war instruiert.

Vier Wochen hatte er nun frei, und am morgigen Montag würde man sich vormittags ins Auto setzen, nach Frankfurt fahren – von dort ging es in die Türkei, wo er sich mit seiner Frau in ein recht teures Hotel am Meer einquartiert hatte. Doch heute, ja heute lockte die Wehlheider Kirmes. Sein ansonsten etwas dröger Internisten-Kollege Dr. v. K. hatte ihn schon lange geködert:

Am Düsseldorfer Hof gab es einen Frühschoppen, bei dem Mitglieder des Heeresmusikkorps aufspielten – beste Musik lockte also, rustikal und fröhlich, so, wie Dr. G. es bei solchen Anlässen liebte. Und zu Fuß war er unterwegs, weil er natürlich auch das eine oder andere Bierchen nehmen wollte – zusammen mit Dr. v. K. und einem weiteren Kollegen, Augenarzt Dr. T., den er aber noch nicht näher kannte.

Als Dr. G. am Festzelt ankam, hatte die Musik gerade Pause – die beiden Kollegen winkten von einem Tisch, hatten ein Plätzchen reserviert.

Dr. G. hockte sich hin und hatte ungefragt eine halbe Minute später einen Humpen naturtrüben Bieres vor sich stehen. Die Musik spielte bald wieder, ersparte Gespräche am Tisch, die Biere kamen, dass es eine Freude war.

Dr. G. war glücklich, seine Wangen waren vom Bier und der Hitze und der Stimmung gerötet, alles war prima, gegen Mittag hatten er und seine Kollegen jeweils eine Schweinshaxe verputzt und danach einen Kräuterenzian, zur Verdauung natürlich, aus rein medizinischen Gründen.

Irgendwann war wieder Musikpause, am Medizinertisch wurden ein paar Plätze frei – doch die Herren achteten nicht darauf und sahen auch nicht hin, als sich neue Gäste dort hinsetzten.

„Hönnse moh, Herr Doggder, Sie honn ja 'ne Schlachzahl druff wie damals der Deutschland-Achter vom Karle Adam!"

Eine bekannte Stimme ließ Dr. G. das Blut in den Adern gefrieren. Er schluckte sein Bier runter und schaute nach rechts. Nein, er hatte nicht geträumt, Heinrich B. saß da, mit ein paar anderen Männern, alle grinsten ihn an.

„Das hier sin minne Schlaggen, mäh sin immer uff der Kirmes am Sonndach, da lassen mer moh de Tabledden weg, damit dass es im Köchper nidd zu ner Expedition kimmed", sagte B. und seine Kumpanen lachten.

„Das heißt Expansion", sagte Dr. v. K., kicherte angetrunken und kassierte von Dr. G. einen bösen Blick, der nicht wollte, dass es zu einer Dauerunterhaltung mit seinem „Lieblingspatienten" und seinen Kumpels kam.

„Ich honn gehörd, se fahren in Urlaub, hodd mäh de Praxis geschbrochen, wollde nächsde Woche zu Ihnen kommen, awer nu wachde ich bisse widder da sin!"

Heinrich B. klopfte seinem Doktor jovial auf die Schulter.

„Ich schwatze nu ma ganz gerne mit Ihnen, da lernt mer immer was, Sie uff Nochdhessisch un ich? Jo, ich au!"

Dr. G. war das Ganze peinlich. Er wandte sich ab, wollte heimliche Vorbereitungen zur Flucht treffen. Von seinen akademischen Mitstreitern v. K. und T. war keine Unterstützung zu erwarten.

T. baggerte gerade eine dickliche Mittfünfzigerin an, hatte sich ihr bereits als Augenarzt vorgestellt und durfte prompt ihre Brille putzen. v. K. hatte seinen Kopf auf den Arm gelegt und war mit beiden Körperteilen auf den Tisch der Bierzeltgarnitur geklappt. Der andere Arm, wundersamerweise, stand auf den Ellenbogen gestützt senkrecht auf dem Tisch, ein Finger zeigte nach oben, es sah aus wie eine Dauerbestellung für die Bedienung.

„Herr Doggder, nun bliewen se moh hier, mäh wollen noch einen schnabben."

Dr. G. saß stocksteif da, sagte kein Wort und merkte zu seinem Entsetzen, dass er mehr als ziemlich betrunken war. Einer von Heinrich B.'s Kumpels hatte die Szene längst per Foto festgehalten und trötete in die Runde:

„Steht schon bei Fetzbuk."

Dr. G. verstand kein Wort, nahm sich vor, gute Miene zum bösen Spiel zu machen und grinste in die Runde. Wortlos, denn zu seinem weiteren Entsetzen stellte er fest, dass er schon zu sich selbst nicht mehr deutlich reden konnte.

Als sein Blick auf den Tisch fiel, war es mit seiner Beherrschung allerdings vorbei. Da standen zehn Gläser mit Kräuterenzian vor ihm, vor Heinrich B.'s Kumpel, dessen Namen er vergessen hatte, standen zehn große Biere.

„Wass'n das?", fragte Dr G. zischelnd.

„Kräuterenzian un Schobben", antwortete Heinrich B. ungerührt.

„Henner, nu schbrejj emme mo de Rejeln", sagte der Mann mit den zehn Bieren.

„Also Herr Doggder, jetzt passen se ma achte. Das is nur ne Wette, ich honn den Jungs erzähld, dass sie der beste Doggder am Plattse sin. Un se honn's druff, honn ich geschbrochen. Awer der Scherom, hä tut so heißen, weil hä nen Großvater us der Bretagne hodd, will moh gucken, ob se au trinkfest sin. Hä wettet, dass hä de zehn Biere schneller ussuffen kann als sie die zehn Kräuterenzian. Awer: mer dürf de Gläser vom anneren nidd anfassen. Machense midde? Danach können se au heim!"

Heinrich B. lächelte süfisant.

„'N Ordnung", zischelte Dr. G., den die Aussicht auf den Heimweg wagemutig stimmte.

„Also, dann sache ich moh: Auf de Plätze, fächdich, los!"

Dr. G. ließ sich nicht zweimal bitten. Er nahm seine Konzentration zusammen und kippte die ersten drei Schnäpse problemlos hinunter, das Zeug schmeckte nämlich gut. Danach kurzes Aufstoßen, die nächsten drei gingen ebenfalls flott. Ein kurzer Blick auf den Gegner, der knapp am Ende des ersten Bieres angekommen war. Dr. G. nahm Schnaps sieben, Schnaps acht und Schnaps neun – wieder kurze Pause, er war mittlerweile völlig besoffen, sein Innerstes zischelte ihm ein leises „Sihsdesdann, Herr B. so trinkt man mit Studenten!" zu, seine Hand streckte sich nach dem zehnten Glas aus – und er erstarrte. Über dem zehnten Glas hatte dieser Scherom tatsächlich sein leeres Bierglas gestülpt und nuckelte nun in aller Gemütsruhe an seinem zweiten Bier.

„Was soll's ds?", blubberte Dr. G.

„Herr Doggder, ich hodde nur gesachd, dassmer das Glas vom anneren nidd anpacken dürf. Sie dürfen also nidd das Glas wegnehmen, hä hodd awer au keins von Ihren Gläsern angepackt. Also honnse verloren. Was sachd uns das?"

„Was sachd uns das?"

Dr. G. saß, schwankend auf der Bank, die noch in ihm arbeitenden gerade vertilgten Schnäpse wirkten von Minute zu Minute mehr.

„Sie honn verloren – aber war je nur'n Spass, das zahlen mäh schon. Un was sachd uns das noch?"

„Was sachd uns das noch?"

Dr. G. konnte keine eigenen Gedanken mehr fassen, er äffte nur noch nach.

Heinrich B. hob das leere Glas, drückte Dr. G. den zehnten Schnaps in die Hand, nahm sein Bierglas, prostete ihm zu und sagte: „Der Nochdhesse is schlau!"

„Nochdhesse", Dr. G. musste aufstoßen, „schlau!"

Er kippte den zehnten Schnaps.

Den Rest der Geschichte wollen wir taktvoll verschweigen. Dr. G. rührte den gesamten Urlaub in der Türkei keinen Alkohol an. Erst am Tag vor dem Heimflug schloss er sich in der Toilette ein. Sein Terminkalender hatte ihm signalisiert, was am ersten Arbeitstag übermorgen um acht Uhr in der Praxis auf ihn wartete. Heinrich B. stand da. Und ein Vermerk: Bringt einen neuen Patienten mit: Jerome F..

Fremdwörter

Der Umgang mit Fremdworten ist nicht jedermanns Sache. Häufig auch nicht die derjenigen, die gern davon Gebrauch machen. Zur Schau gestellte Bildung wirkt in heutiger Zeit ohnehin mehr isolierend denn als Nachweis intellektueller Qualität – und verbindend erst recht nicht. Nordhessen haben sowieso ihre eigene Art und Weise, Fremdworte zu ignorieren oder sie einfacher zu machen. So wird der in den vergangenen Jahren durch mannigfaltigen Missbrauch arg in Verruf geratene Apostroph in Nordhessen-Sprech zum „Schisslafeng" – warum auch immer. Kein Mensch redet mehr vom Trottoir, wenn aber – dann ist es in Nordhessen der Troddeware. Aber schlagfertiger Umgang mit unbekannten Fremdworten ist durchaus nordhessische Spezialität.

Heinrich B. war – aus welchem Grund auch immer – zu einer Vernissage in einer Kasseler Galerie eingeladen. Dr. G. stand auch auf der Liste der Gäste, hatte sich aber zu seinem Glück rechtzeitig einen Darminfekt eingefangen und musste sich den Verlauf des Abends später erzählen lassen. Dass sich Heinrich B. ebenfalls dort befunden hatte und was mit der Veranstaltung passiert war – als Dr. G. davon hörte, beschloss er spontan, sich künftig Virenstämme zur Eigenverwendung anzulegen und sich durch plötzliche Infekte den Kontakten mit seinem Lieblingspatienten zu entziehen.

Heinrich B. tummelte sich, zunächst ein wenig fremdelnd, zwischen den Gästen in einer ihm unbekannten Welt. Was eine Vernissage war, das hatte ihm sein Stammtischbruder Werner in dürren Worten erklärt. „Minne Schwester, also das Gudrun, das rammelt doch als zu so was hinne. Da stehnse dann rum, suffen, es giwwet so was wie Schnittchen, dann giwwet's Reden und zum Schluss schrawwelt der Künstler was zu sinnen Werken. Anschließend gucken se alle de Bilder und den anneren Kram an un sin tief beeindruckt. Wenn se genuch im Trichter honn, dann machen se alle heim. Also: Bloß kinne Krawatte anziehen, kämmen bruchste Dich au nidd, rasieren wichd au nidd gerne gesehen. Vorher musste was essen, sonst wirste nidd satt. Un ganz schwierig: Schobben giwwet's in der Regel au nidd. Wenn se Dich wejen der Kunst frachen, sachsde am besten: ‚Der Künstler vermittelt irgendwie eine neue Ästhetik'. Un zwischendurch immer ma schbrejjen: Also, mir sachd das was. Dann biste ganz vorne midde dabei."

Heinrich B. hatte sich die Zitate auf jeweils inen Zettel geschrieben und in die Hosentasche gesteckt. Wie angekündigt, gab es kein Bier, er sah rotwein-, weißwein- und proseccoschlürfende Menschen geruhsam durch die Räume gleiten, gelegentlich vor einem Bild verharrend, gelegentlich Smalltalk pflegend. Als er sich selbst sein viertes Glas Prosecco holen wollte, stieß er mit einer offensichtlich schon ziemlich beschwipsten Dame zusammen, die sich prompt etwas von ihrem Getränk in den üppigen Ausschnitt schüttete. Heinrich B. war es alles andere als peinlich, er sah auch keinen Anlass, sich zu entschuldigen, sondern meinte nur:

„Dürf ich Sie dann trockenlegen, junge Frau?"

Die sah ihn überrascht an, junge Frau hatte seit Jahrzehnten niemand mehr zu ihr gesagt. Sie kicherte gekünstelt, überhörte den nordhessischen Akzent ihres neuen Bekannten zunächst und beschloss dann, dass dies doch ein ehrlicher und respektabler Umgang mit der eigenen Herkunft war. Beneidenswert, ein mutiger Mann, entschied sie nach einigen Minuten Gesprächs und ging irgendwann zum Angriff über.

„Ihr mutiger Umgang mit der eigenen Sozialisation beeindruckt mich, Herr B.!"

Man hatte mittlerweile die Namen ausgetauscht, Heinrich B. wusste nun, dass er es mit Hella W.-K. zu tun hatte, Lehrerin auf halber Stelle, Kursleiterin für Ausdruckstanz an der VHS und Bewunderin des Künstlers seit Anfangstagen.

„Jo", sagte Heinrich B., „minne Frau hodd da lange gearbeitet."

„Wie meinen?"

Hella, nennen wir sie der Einfachheit halber beim Vornamen, guckte irritiert.

„Naja, uff der Sozialstation hodd se de Brötchen verdient, das war, als ich noch bi VW uffem Lager Schicht gekloppt honn."

Hella verstand so gut wie kein Wort, was aber eher am siebten Prosecco lag, der achte war durch eine knallweiß geschminkte Bedienung mit grünen Haaren im Anmarsch. Hella musste plötzlich hicksen, der Beginn eines Schluckaufs, und Heinrich B. wusste

Rat. „Guckense moh, junge Frau, so kriejen se den Schluckauf weg." Er nahm sein Glas, beugte sich vor und trank dann, sozusagen seitenverkehrt, seinen Prosecco. „Da muss mer sich so konzentrieren, da vergiss der Kobb, dass hä hicksen muss. Un schon sin se wieder am Start!"

Heinrich B. strahlte Hella an, die, hicksend, das Ganze nachmachen wollte, das Gleichgewicht verlor und nur von Heinrich B.'s starken Armen vor dem Sturz auf den Boden bewahrt wurde. Als sie wieder stand, sich erneut ihren ziemlich nass gewordenen Ausschnitt abtupfte, plötzlich feststellte, dass der Aufschluck weg war, himmelte sie Heinrich B. an. „Heinrich, Sie sind famos. Ein Ritter, ein Held, kommen Sie, lassen Sie uns anstoßen und ‚Du' sagen. Ich heiße Hella."

„Is in Ochdnung", sagte Heinrich B., mittlerweile auch ein wenig angeschickert, „Heinrich der Name, awer alle schbrejjen Henner."

Sie stießen an, küssten sich auf die Wangen, und Henrich B. sagte plötzlich: „Wemmer uns so sieht, dann fällt mir das ahle Lied ein: Ein Hella un ein Batzen!" Was zu einem Lachanfall der guten Hella führte, in dessen Verlauf sie zum dritten Mal Prosecco in den Ausschnitt goss.

„Wenn de dinne Dinger als weiter so gießen tust, dann wachsen se heute Abend noch!" sagte Heinrich B., Hella fiel ihm grölend um den Hals und das weitere Vorgehen wurde nur durch das Auftauchen von Giselher K., dem Gatten der Ausdruckstänzerin, verhindert.

91

„Verzeihen Sie bitte, Giselher K.", stellte sich der Mann vor, der einen zerknitterten Anzug trug und seine Glatze mit langen Haaren, von einer Seite auf die andere gekämmt, verdeckte.

„Die Dame ist meine Frau!"

Heinrich B. streckte ihm freundlich die Hand entgegen, der andere ignorierte die Geste jedoch.

„Ihr Benehmen ist grotesk. Sie machen meine Gattin betrunken und nähern sich ihr dann auf geschmacklose Art. Mein Herr, ich habe Sie durchschaut: Sie sind ein Parvenue!"

Heinrich B. guckte eine Sekunde irritiert und sagte dann.

„Nene, da honnse nidd Recht un da könnense sachen was se wollen, awer Sie sin hier der Dussel un können noch niddema Fremdwörter richtig gebrauchen. Der Affe, den Sie nämlich meinen, der heißt Parmesan! Un jetzt will ich heim, honn Durschd uffen Schoppen."

Er ging ein paar Schritte, blieb stehen, griff in die Hosentasche, las die beiden Zettel und rief noch:

„Disse Synthetikdinger da von Ihrer Frau, die sachen mir was!"

Dinner for One

„Dinner for One" – der Silvesterklassiker im deutschen Fernsehen – gibt es mittlerweile in verschiedenen Mundartversionen. Dies ist die erste nordhessische Übersetzung, erschienen vor Jahren auf www.hna.de.

James: N'Awend Frollein Soffie. N'Awend.

Miss Sophie: N'Awend, Dschehms.

James: Se sähn uss wie's blühende Läwen, Frollein Soffie.

Miss Sophie: Jo, 's haut widder hinne midder Gesundheit, Dschehms.

James: Subber.

Miss Sophie: Nu, 's sieht jo alles ganz manierlich uss.

James: Sodd au schön bedanged sinn, Frollein Soffie.

Miss Sophie: Sindse dann alle doh?

James: Joh. Se honn alle hergemachd for de Gebuchdsdachsfeier, Frollein Soffie.

Miss Sophie: Sinn dann au alle fünf Pläddserchen innegedegged?

James: Wie jedesmoh.

Miss Sophie: D'r Sör Tobieh?

James: D'r Toby hodd sich dieses Jahr hier hier hin-negeseddst.

Miss Sophie: Admiral von Schneider?

James: D'r Admiral von Schneider sitzt hier drüwwen, Frollein Soffie.

Miss Sophie: Herr Pommeroy?

James: D'm Herrn Pommeroy honn ich hier moh 'n Pladds gegäwen.

Miss Sophie: Und min ahler Kumpel, d'r Herr Win-derboddem?

James: Uff Ihrer rechten Siede, wieses geschbrochen honn, Frollein Soffie.

Miss Sophie: Dangeschön, Dschehms, jetzt kannsde de Subbe bringen.

James: Dangeschön, Frollein Soffie, Dangeschön. Alle warten schon uff de Hühner-Domadensubbe. Wonnse au ne Brogge Subbe, Frollein Soffie?

Miss Sophie: Disse Hühner-Domadensubbe macht mich je ganz närrisch, Dschehms.

James: Honn ich doch gewussd.

Miss Sophie: Ich denke, mer sollden ma 'n Scherry schnappen zur Subbe.

James: Scherry midder Subbe, jo. Üwwerigens: Dies Jahr widder als dasselbe wie bim letzden Moh?

Miss Sophie: D'sselwe wiemes jedes Johr machen duhn, Dschehms.

James: Wiemes jedes Johr machen duhn, Dschehms.

Miss Sophie: Is dann das au 'n droggener Scherry, Dschehms?

James: Jo, zimlich droggen, Frollein Soffie. Honn ich heute morjen erst ussem Keller hochgeschlebbed.

Miss Sophie: Sör Toby!

James: Prost, Frollein Soffie!

Miss Sophie: Admiral von Schneider!

James: Muss ich's dann disses Jahr widder schbrejjen, Fräulein Soffie?

Miss Sophie: Nur damit dassdemir ne Freude machen duhsd, Dschehms!

James: Nur umse zu erfreuen, na gut, Skol.

Miss Sophie: Herr Pommeroy.

James: Alles Guhde im neuen Jahr, Soffie!

Miss Sophie: Und min liewer Winderboddem.

James: Jo, nu, guhd, nu simmer alle moh widder hier, minne Liebe ...

Miss Sophie: Jetzt dürfste den Fisch bringen.

James: Fisch. Sehr gut, Frollein Soffie. Hodd dann de Subbe geschmegged?

Miss Sophie: Wunnderbar, Dschehms.

James: Das freut mich aber, dass es Ihnen geschmegged hodd. Wollnse dann au 'n Stück Schellfisch us der Nochdsee, Frollein Soffie?

Miss Sophie: Ich denge moh, mäh sollden 'n Tröbbchen Weißwein zum Fisch honn.

James: Weißwein zum Fisch? Dies Jahr widder als dasselbe wie bim letzden Moh?

Miss Sophie: Als dasselbe wie alszus in jedem Jahr. Dschehms.

James: Jo.

Miss Sophie: Sör Toby!

James: Prost, Soffie, min Mäderchen ...

Miss Sophie: Admiral von Schneider!

James: Muss ich dann wirklich, Frollein Soffie?

Miss Sophie: Dschehms, bitte.

James: Skol!

Miss Sophie: Herr Pommeroy.

James: Alles Guhde im neuen Jahr, Soffie-Mädchen.

Miss Sophie: Herr Winterboddem.

James: Siehst jünger uss wie alszus vorher, jünger wie überhaupt. Hahaha

Miss Sophie: Jetzt kannste moh des Huhn uffen Tisch bringen.

James: Jo.

Miss Sophie: Sieht aber super us, der Vochel.

James: Das, das issen ganz liebes Hühnchen, ich schbrejjes Ihnen, 'n ganz liebes ...

Miss Sophie: Ich denke moh jetzt könnten mer moh Schampanjer zum Vochel trinken.

James: Schampanjer. Jo. Dies Jahr widder als dasselbe wie bim letzden Moh, Frollein Soffie?

Miss Sophie: Als dasselbe wie alszus in jedem Jahr.

James: Soffie, min Mäderchen.

Miss Sophie: Admiral von Schneider!

James: Muss ich dann, Frollein Soffie?

Miss Sophie: Dschehms!

James: Schkolll!

Miss Sophie: Herr Pommeroy!

James: Frohes, neues Jahr, Soffie-Mädel.

Miss Sophie: Herr Winterboddem.

James: Disses hier, z's Soffie, das is eins von den hübschesten Mädels, dass es giwwed. Wirglich. Und jetz is der Bazar eröffnet.

Miss Sophie: Ich denke moh, mäh schnappen 'n Pochdwein zum Obst.

James: Och ne. Widder desselbe wie's letzte jahr au schonnemoh?

Miss Sophie: Jo. Als dasselbe wie alszus in jedem jahr, Dschehms.

James: .... !!!

Miss Sophie: Sir Toby!

James: Zugger am Morjen, Zugger!

Miss Sophie: Admiral von Schneider!

James: Schkolll!

Miss Sophie: Herr Pommoroy!

James: S'tut mir Leid, minne Dame, s' tut mir Leid.

Miss Sophie: Herr Winterboddem!

James: Huch, disse Kaddse machich alle!

Miss Sophie: So, Dschehms. Das war ne wunnerbahre Bachdie!

James: War ganz unnerhaltsam, oder?

Miss Sophie: So, ich mache mich jetz moh ab ins Bedde.

James: Se machen sich ab ins Bedde?

Miss Sophie: Jo.

James: Bliewen se siddsen, ich gäwe Ihnen moh ne Hand und tue Ihnen uffhelfen.

Miss Sophie: Ich hon geschbrochen, dass ich mich jetzt ins Bedde abmache.

James: Jojo. Üwwerigens: Dies Jahr widder als dasselbe wie bim letzden Moh?

Miss Sophie: Als dasselbe wie alszus in jedem Johr, Dschehms.

James: Jo. Ich werde moh sehen, was sich machen lässt.

Die Weihnachtsgeschichte
auf Nordhessisch

Es is, also wollmasachen, so um de 2000 Jahre her. Da hodd im heutigen Israel, wo früher die Römer Besatzungsmacht waren, der ahle Kaiser Augustus geschbrochen, hä wollde moh wissen, wie viele Liere dann eijentlich in sinnem Reich so rummachten. Nu hoddense kinne Combjuder, sondern se honn sich 'n einfaches Verfahren ussgedacht, uffwändig aber wichkungsvoll. Jeder, so hadde es der ahle Augustus geschbrochen, musste heimmachen in de Stadt, wo hä ursprünglich herkam. Also die, die noch da wohnten, durften natürlich au do blieben. Jedenfalls honn sich alle, die betroffen waren, uff de Socken gemacht und alle Straßen waren gerammelt voll. Der eine is hierhin, der annere do hin, manche honn sich au verfahren – aber das führt jetzt zu weit.

Jedenfalls der Josef, der ahle Huddich, un sinne Frau Maria sinn vom ahlen Nazareth rüwwer nach Bethlehem, denn da kam der Joseph her. Wo's Maria herkimmet – da schweigt sich de Bibel us, mer weißes nidd, aber da se mit emme middegmacht is nach Bethlehem scheint es au von der Kante gewesen zu sinn. Nehmen mer das ma an, sonst wichd das jetzt hier zu krumpelig.

'S Problem: 's Maria war hochschwanger und jeden Moment hädde des Kind kommen könne. Was de Sache schwierig gemachd hätte, denn dann hädden se das Kind, nach den Regeln vom ahlen Augustus, uff

der Straße liejen lassen müssen – denn das Wanst hätte ja au gezählt werden müssen un es war ja nidd in Bethlehem geboren, sondern uff der Straße. Awer möchlicherweise gab es Sonderregeln. Awer mäh wissen nix davon.

Nojo, mäh wollens jetzt moh nidd so spannend machen, de Sache is gut gegangen, se sin also nach Bethlehem – awer weil all de Usswärtigen jetzt do waren, hoddense kinne Zimmer mehr frei for'n Joseph und 's Maria. Einer der Herbergswirte hodd dann aber den dicken Balch vom Maria gesehen und hodde Mitleid, also hodder geschrochen:

„Ihr könnt do hinnen uffem Feld in de Hütte, da is n' Esel unnen Ochse drinne, awer es is noch genuch Platz do."

Die also da hin gerammelt, un kaum warense da un hodden sich den Viechern vorgestellt, da ging's bim Maria lose. 'S knippte hier und 's knippte da, jedenfalls war es als am gagen un gauzen und kuchze Zeit später war dann das Kind drussen. De Namensfindung war einfach, da hoddense vorher schonnemoh drüwwer geschbrochen, war ja genug Zidd uffem Weg von Nazareth nach Bethlehem. Das is etwa so widd wie von Spieskappel nach Beiseförth un zurück, also zweimoh. Awer als middem Esel, wo der Joseph sinns druffgesetzt hodde. Also Jesus hodden sen genannt.

Jedenfalls staunten der Esel un der Ochse nidd schlecht, weil glich nach der Gebucht am Himmel so'n neuer Stern rummachte, ganz hell und tat so, als wäre hä so was wie'n Dauerfeuerwerk.

103

Und unten uff der Erde, nidd weid vom Gebuchts-
haus vom Jesus, da waren so'n paar Hichden uffem
Feld. De Bibel sachd das nidd, awer ich glaube, die
hodden leise einen geschnabbed in der Nacht. 'S war
jetzt wohl kinn Hütt naturtrüb gewesen, awer die
hodden je au immer ne Pulle von was annerem im An-
schlag. Jedenfalls waren se ganz daumelig, als plötzlich de Wolken wie im Theater der Vorhang usenan-
nerging, so 'n paar Engel ruskamen, einije hodden
Blechblasinstrumente dabei (Saxophon war ja noch
nidd erfunden) un schon fingen se an zu krischen, zu
singen un zu blosen. „Euch ist heute der Heiland geboren" honnse geschbrochen, un das alles uf Hochdeutsch, mussmer sich mo üwwerlejen, Hochdeutsch
vor 2000 Jahren. Jedenfalls sinn de Hichden rüwwer-
gerammelt zum Stall – un siehe da: Da lacher dann,
der Jesus, in der Krippe.
Un dann honnse den Joseph gefrachd, wie es dann
middem Bullerschnaps sei. Der Joseph hodde awer
nix, da honn se emme mo einen us der eigenen Pulle
nehmen lassen. Awer disser Teil der Geschichte steht
nidd in der Bibel drinne. Da geht's erst midden drei
Königen weiter, awer die hodden au nur Weihrauch
un Myrrhe dabei. Awer das Zeuch kannste jo nidd suffen.
Awe ne, was wollde ich dann sachen? Ach so, de Hir-
ten sinn dann widder abgemacht zu ähren Zäjen und
den anneren Viechern un honn allen de Geschichte
erzählt, Gottes Sohn wäre jetzt da – un der liewe
Godd, hä sollde au schön bedanked sin.

Und dann gibt es natürlich noch jene Geschichten, die seit Jahrzehnten die Runde machen, sozusagen die Mundart-Klassiker unserer Region. Die gleichzeitig aber auch an der Schreibweise (wobei man ja weiß, dass es keine wie auch immer geregelte oder vorgeschriebene Schreibweise gibt) verdeutlicht, wie sich die Mundart im vergangenen Jahrhundert verändert hat.

D's Kraachenknöbbchen
von Karl Sömmer

Glaubd mäh, so en Kraachenknöbbchen
hodd manchmoh sinn eichnes Köbbchen,
drum will ich och moh erzählen,
wie ein'n so'n Knobb kann quählen.

Neilich, 's war so imme achde,
als minn Vadder Anschdald machde,
in den Kechelklub ze gehen,
wie das öfder schond geschehen.

Plödzlich schbrichd hä: „'s weiß d's Gewitter,
wo äß dann minn Knobb schond widder!?
Äwend, 's äß doch nidd ze saachen –
lag hä hier noch bie dem Kraachen!"

Jedzd fing Vadder ahn ze fluchen:
„Kreizgemicke, wolld däh suchen!"
Glich lach alles uff der Ähre,
imm' ze sähn, wo's Knöbbchen wäre.

Schorsche suchd im Kohlenkasden,
d's Änne froochd en leise: „Hosd'en?"
Unse Mudder hodd geschnuddeld:
„Äß hä unnern Schrank gekuddelt?"

Wie sich Vadder wollde bicken,
imm' den Schrank moh abzericken,
rennd hä midd dem Koppe grade
ahn de offne Schrankschublade.

Schorsche, der dodriwwer lachde,
krichd ne Dachdel, nidd so sachde:
dobie dridd der Vadder d's Änne
owenrunner off de Hänne.

Schorsche brilld glich wie en Bulle,
d's Änne hodd de Hand im Mulle,
Vadder riewed noch 'ne Weile
ahn dem Koppe sinne Beile.

Grad' wolld au de Mudder krischen,
als se d's Knöbbchen dahd erwischen:
„Vadder! Guck doch bloß mo hinne:
Hosd's jo schond im Knobbloch drinne!"

Im Bäggerlohden
von Konrad Berndt

Es war eines scheenen Sunnowends Owends so zwischen sechse un siewene, doh kamb ich im Derfchen in'n Bäggerladen, imme mäh en bahr frische Laiwerchen ze langen, will daß mähs bahle ohliewig vor Hunger wurr. Der ganze Laden war vuller Wiewer. Es war en Gegahke un Geschnaddere, daß's einem nurd so in de Ohren gellerde.

Ich wull nu minne bahr Laiwerchen gerne vorneweggen honn, weil's mäh en bischen bressierde. Glich kreschen de Wiewer: „Och jo! Hier gehd's der Reihe noh! Sinn säh midde ähren Monoggel villichde was Besseres? Mäh honn jiddzd Gleichberechdigunge!"

Midde wahrer Seelenruhe bediente de Bäggerschfrau bohmadich ähre Kunnen weider.

„No, Frau Dinnefedden, was krichen Sä dann?"

„En Laib Brod von gestern! Awer en dunkelen, bidde!"

„Von gestern?", sahde de Meistern, „doh äß kinn dunkeler mehr doh. Nur noch einer von vergestern?"

„Von vergestern?", mährde de Dinnefedden.

„Jo, von vergestern! Awer säh kennen au en hellen von gestern honn."

„En Hellen von gestern? – Zeichen Sä'n moh her."

Behäwig drehde sich de Bäggerschen imme un langede'n vum Geriste.

„Nä! – Nä!" – sahde vull Ekel de Dinnefedden.

„näh, gewen se liewer den dunkelen von vergestern."

De Bäggerschen watschelte ahns Geriste un langede den Dunkeln von vergestern. De Dinnefedden griebelde in ähren Bordemanneh rimmer un zählde en bar zerknirwelde Scheine uff de Dehke.

„Ach, ich kennde doch liewer den Hellen nehmen!"

„Scheene Frau Dinnefedder!"

„Jo, ob awer dr Helle au richdig durchgebaggen äß? – Mäh äß es je einerlei, aber min Ahler, der well immerd nur dunkeles Brod, un da, un da – Ach gewen Sä mäh doch liewer den Dunkelen."

„Da honn sä recht, Frau Dinnefedden. Hier der Dunkele!"

„Godd jo! Awer der Dunkele von vergestern, der äß woh doch en bischen vähle ald. Der mechde sunsten schbacherich wär'n? Ob ich nidd liewer doch von gerstern den Hellen nähme?"

„Mäh honn au noch en scheenen Dunkeln von heide, der möchde Ennen awer doch woh zu frisch sinn?"

„Och näh, zeichen Sä mä'n doch emoh! Dann nehme ich doch liewer den. Wissen se min Mann, der well immerd en Dunkelen, ja Godd, mäh wärs je sunst egal, awer wegen minnen Mann – – ja awer der – ja der – ja der äß je noch ganz warme! Nä, nä, den derf ich nidd bringen, doh krichen me ahm Enne Buchweh dervunne, – Ob ich dann doch nidd liewer der Hellen vun gestern nehme?"

„Jo, awer liewe Frau Nachbarn, doh rissed mäh awer bahle de Geduld! Helle von gestern – Dunkle von vergestern – Helle von morgen – Dunkel vun heide – Dunkel vun helle – Helle vun dunkel! Do kriechd me je de Schwenzelenz!"

„Na dann gewen Se mäh den hellen von gestern!"
Endlich, endlich paggede se'n in un gehd ahn de
Dähre. – Mich kriwelds in allen Fingern. – De Liede
hielen sich bahle den Buch vor Lachen.
Ahn der Dähre awer drehd sich das Oos endschlos-
sen rimme:
„Nä, gewen Se mäh den Dunkeln vun vergestern!"
„Ach du! – Ach du! – Sowas! –"
Na, nu warsch se awer drussen!
Wie ich so'ne halwe Schdunne gewahrded hadde, un
mäh der Jimber uff de Laiwerchen vergangen war,
wullde ich mich grode unverrichdeder Dinge schmal
machen, doh kimmed en Jingelchen midde en Laib
Brod in den Laden un schbroch:
„En scheenen Gruß von minner Modder un Sä mech-
den mäh doch liewer den hellen von gestern gewen!"

*

Horst Seidenfaden, Jahrgang 1956, ist seit 2002 Chefredakteur der Tageszeitung Hessische/Niedersächsische Allgemeine (HNA) in Kassel. Sein Debut als Krimiautor gab er mit dem Roman „Fullewasser" (zusammen mit Frank Thonicke), 2007-2011 folgten bei B&S die Kassel-Thriller „Das brennende Gesicht", „Rache für den Mörder", „Hadubrands Erbe", „Die Akte Tristan" und „Tristan. Der Name des Bösen".

Niko Mönkemeyer, Jahrgang 1963, ist seit 1996 Zeichner für die Northeimer Neuesten Nachrichten, eine Lokalausgabe der Hessischen/Niedersächsische Allgemeinen (HNA), seit 2005 ist er Redakteur.

1. Auflage 2012/2013

© B&S SIEBENHAAR Verlag, Berlin / Kassel

Umschlagmotiv: Niko Mönkemeyer
Layout Umschlag: VISULABOR®
Satz: B&S SIEBENHAAR VERLAG
Druck und Bindung: GGP Media GmbH, Pößneck

Printed in Germany
ISBN 978-3-943132-17-5

www.siebenhaar-verlag.de

Quellen:
Karl Sömmer, „D's Krachenknöbbchen", erstmals veröffentlicht in ders.: „D's
Krachenknöbbchen un annere Gedichterchen", Selbstverlag, Kassel 1928;
übernommen aus „De Drillerpiffe und andere Kasseläner Klassiker", hrsg. von
Karl Branner, Wartberg Verlag, Kassel 2002. Rechtenachfolger waren nicht
festzustellen. Der Verlag ist selbstverständlich bereit, nach Anforderung recht-
liche Ansprüche abzugelten.
Konrad Berndt, „Im Bäggerloden", erschienen in „Mäh sinn mäh! Gedich-
derchen un Geschichderchen", Kassel, 1925.

Kassel-Krimis von Horst Seidenfaden

Horst Seidenfadens Krimis sind von realistischer Härte und beklemmender Aktualität. Seinen geographischen Kosmos Kassel und Nordhessen öffnet er für die großen Gegenwartsthemen: Neonazis, Terror, Missbrauch und Kirche ... Die Schatten der Vergangenheit fallen bedrohlich auf die Gegenwart.

Das brennende Gesicht
€ 12,80/SFr 20,80
ISBN 978-3-936962-47-5

Rache für den Mörder
€ 12,80/SFr 20,80
ISBN 978-3-936962-66-6

Hadubrands Erbe
€ 12,80/SFr 20,80
ISBN 978-3-936962-61-1

Die Akte Tristan
€ 14,80/SFr 24,00
ISBN 978-3-936962-80-2

Tristan – Der Name des Bösen
€ 14,80/SFr 24,00
ISBN 978-3-936962-97-0

Alle 14 x 22 cm, Broschur

... weitere Kassel-Bücher bei B&S SIEBENHAAR

Susanne Seidenfaden (Hrsg.)
Kassel, wo es am schönsten ist
77 *Lieblingsplätze* 3. Auflage
192 Seiten
€ 12,80/SFr 20,80
ISBN 978-3-936962-65-9

Jürgen Röhling (Hrsg.)
An Kassel. Ein Lesebuch
ca. 240 Seiten
13 x 20 cm, Hardcover
ca. € 24,80/SFr 40,00

D. Schwarze, T. Siemon (Hrsg.)
*Zeitreise. Kassel in Bildern zwischen
Kaiserreich und Wirtschaftswunder*
2. Auflage
ISBN 978-3-936962-38-3
€ 17,80/SFr 29,00

B&S SIEBENHAAR VERLAG Berlin / Kassel
bs-verlag@berlin.de, www.siebenhaar-verlag.de